BIBLIOTECA antagonista

12

EDITORA ÂYINÉ

Belo Horizonte | Veneza

DIRETOR EDITORIAL
Pedro Fonseca

COORDENAÇÃO EDITORIAL
André Bezamat

CONSELHEIRO EDITORIAL
Simone Cristoforetti

PRODUÇÃO EDITORIAL
Fábio Saldanha

EDITORA ÂYINÉ
Praça Carlos Chagas, 49 2° andar
CEP 30170-140 Belo Horizonte
+55 (31) 32914164
www.ayine.com.br
info@ayine.com.br

JOSEPH ROTH

JUDEUS ERRANTES

TRADUÇÃO **Simone Pereira Gonçalves**
PREPARAÇÃO **Maria Fernanda Alvares**
REVISÃO **Daniela Lima**

TÍTULO ORIGINAL:

JUDEN AUF WANDERSCHAFT

© 2016 EDITORA ÂYINÉ

IMAGEM DA CAPA: **Julia Geiser**
PROJETO GRÁFICO: **Estúdio Âyiné**

SUMÁRIO

Prefácio **15**
Judeus do Leste no Ocidente **19**
A cidadezinha judaica **44**
Os guetos ocidentais **82**
    Viena 82
    Berlim 99
    Paris 113
Um judeu vai para os Estados Unidos **130**
A situação dos judeus na Rússia soviética ... **146**

PREFÁCIO

Este livro dispensa aclamação e aprovação, mas também a discordância e mesmo a crítica daqueles que ignoram, depreciam, odeiam e perseguem os judeus do Leste. Não se dirige aos europeus ocidentais que, por terem crescido com elevador e vaso sanitário, conferem-se o direito de fazer piadas de mau gosto sobre piolhos romenos, percevejos galicianos e pulgas russas. Este livro dispensa os leitores «objetivos» que das torres oscilantes da civilização ocidental olham de viés para essas regiões próximas do Leste e seus habitantes com uma benevolência reles e ácida, que por mera humanidade lamentam a canalização deficiente e por medo de contágio confinam pobres emigrantes em acampamentos, deixando a solução de um problema social entregue à extinção em massa. Este livro não quer ser lido por aqueles que renegam os próprios pais ou antepassados que por mero acaso escaparam dos acampamentos. Este livro não foi escrito para leitores que levariam o autor a mal, por este tratar o objeto de sua exposição com amor em vez de «objetividade científica», também chamada tédio.

A quem então este livro se destina?

O autor alimenta a tola esperança de que ainda existam leitores para os quais não é necessário defender os judeus do Leste; leitores que têm respeito pela dor, pela grandeza humana e pela sujeira que em toda parte acompanha o sofrimento; europeus ocidentais que não se orgulham de seus colchões limpos; que sentem que teriam muito a receber do Leste e talvez saibam que da Galícia, da Rússia, da Lituânia e da Romênia vêm grandes pessoas e grandes ideias, também úteis (no modo de pensar deles), que ajudam a sustentar e a ampliar a estrutura firme da civilização ocidental, não apenas batedores de carteira a quem o produto mais infame do europeísmo ocidental, ou seja, a reportagem local denomina «hóspedes do Leste».

Infelizmente, este livro não será capaz de tratar do problema dos judeus do Leste com a profundidade abrangente que ele requer e merece. Tentará apenas retratar as pessoas que constituem o problema e as circunstâncias que o desencadearam. Relatará apenas algumas partes do tema gigantesco, que, para ser tratado em toda sua extensão, exigiria tantas errâncias do autor quanto as que padeceram algumas gerações de judeus do Leste.

JUDEUS DO LESTE NO OCIDENTE

O judeu do Leste em sua terra natal não sabe nada sobre a injustiça social do Ocidente; nada sobre o preconceito que predomina nos caminhos, nas ações, nos costumes e nas visões de mundo do europeu ocidental mediano; nada sobre a estreiteza do horizonte ocidental, cercado de usinas de energia e dentado de chaminés de fábricas; nada sobre o ódio que já é tão forte a ponto de ser guardado cuidadosamente como meio de preservar a existência (mas destruidor da vida), como um fogo eterno, no qual se aquece o egoísmo de qualquer pessoa e de qualquer país. O judeu do Leste olha para o Ocidente com uma ilusão totalmente imerecida. Para o judeu do Leste, o Ocidente significa liberdade, possibilidade de trabalhar e desenvolver seus talentos, justiça e soberania do espírito. A Europa Ocidental envia engenheiros, automóveis, livros e poemas para o Leste. Envia sabão de propaganda e a higiene, coisas úteis e edificantes, faz uma toalete mentirosa para o

Leste. Para o judeu do Leste, a Alemanha continua a ser, por exemplo, a terra de Goethe e Schiller, poetas alemães que qualquer menino judeu, ávido por aprender, conhece melhor que nossos colegiais de suástica. O judeu do Leste conheceu apenas o general que mandou afixar na Polônia um discurso humanitário direcionado aos judeus, elaborado pela imprensa militar e não pelo general que jamais lera uma obra literária e, apesar disso, perdeu a guerra.

Em compensação, o judeu do Leste não vê as qualidades de sua terra natal; a vastidão ilimitada do horizonte; nada da qualidade desse material humano que por insensatez pode produzir santos e assassinos, melodias de triste grandiosidade e amor obsessivo. Não vê a bondade da gente eslava cuja rudeza ainda é mais decente que a bestialidade domesticada do europeu ocidental que põe para fora perversões e contorna a lei gentilmente com o chapéu na mão temerosa.

O judeu do Leste não vê a beleza nesta região. Proibiram-no de viver nos vilarejos, mas também nas grandes cidades. Os judeus vivem em ruas sujas, casas decadentes. O vizinho cristão os ameaça. O senhor bate neles. O funcionário público manda prendê-los. O oficial atira neles sem ser punido. O cachorro late para eles por vestirem roupas que provocam os animais e as pessoas primitivas. Eles são educados nas escolas escuras, as *cheders*. Conhecem desde a tenra idade a dolorosa falta de perspectiva da oração judaica; a luta apaixonada com um Deus que mais pune do que ama e que condena qualquer prazer como pecado; e a rigorosa obrigação de aprender e buscar a abstração, com seus olhos jovens, ainda ávidos do conhecimento imediato.

Os judeus do Leste andam normalmente pelo país como mendigos e mascates. A grande maioria não conhece o solo que os nutre. O judeu do Leste sente medo em aldeias e bosques estranhos. É um segregado em parte por livre vontade, em parte por imposição. Os judeus do Leste têm apenas obrigações e nenhum direito, fora aqueles no conhecido papel que nada garante.

Por meio de jornais, livros e emigrantes otimistas eles ouvem dizer que o Ocidente é um paraíso. Na Europa Ocidental existe uma proteção legal contra *pogroms*. Na Europa Ocidental os judeus se tornam ministros e até vice-reis. Em muitas casas de judeus do Leste, pode-se ver o retrato daquele Moses Montefiore, que comia ritualmente à mesa do rei da Inglaterra. No Leste, a grande fortuna dos Rothschild é exagerada de maneira fantástica. Vez por outra um emigrante escreve uma carta descrevendo as vantagens do exterior para os que ficaram na terra natal. A maioria dos emigrantes judeus não pretende escrever enquanto sua situação não for boa e quer destacar a nova pátria escolhida da antiga. Eles têm o vício ingênuo do provinciano de impor-se a seus conterrâneos. Em uma cidadezinha do Leste, a carta de um emigrado é uma sensação. Todos os jovens do local, e mesmo os mais velhos, são pegos pela vontade de também emigrar; abandonar esse país em que todo ano pode deflagrar uma guerra e toda semana um *pogrom*. E se deslocam a pé, de trem e pelas águas para os países ocidentais em que outro gueto, um pouco reformado, mas não menos cruel, já mantém sua obscuridade preparada para receber hóspedes que escaparam semivivos das tiranias dos campos de concentração.

Se aqui se falou de judeus que não conhecem a terra que os nutre, com isso se queria dizer a maior partes dos judeus, ou seja, os que vivem em devoção e de acordo com as antigas leis. Contudo, existem judeus que não temem o dono nem o cão, nem a polícia nem os oficiais; que não moram no gueto, que adotaram a cultura e a língua dos povos que os acolheram, de modo semelhante aos judeus ocidentais, mas gozando de maior igualdade de direitos sociais; embora sejam freados no desenvolvimento livre de seus talentos enquanto não mudarem de religião e mesmo depois de tê-lo feito. Pois é inevitável o parentesco judeu do feliz assimilado e é raro que um juiz, advogado ou médico distrital de origem judia escape do destino de ter um tio, primo ou avô, que, somente pela aparência, compromete a carreira daquele que subiu na vida e prejudica seu prestígio social.

Dificilmente se escapa a esse destino. E, em vez de fugir dele, muitos decidem por submeter-se, não apenas não negando seu judaísmo, mas também enfatizando-o veementemente e confessando-se como uma «nação judaica» de cuja existência não se duvida mais já há algumas décadas e cuja «legitimidade» não pode mais levar a um conflito, porque a vontade de alguns milhões de pessoas é suficiente para formar uma «nação», mesmo que esta não tenha existido antes.

O pensamento nacional judeu é muito vivo no Leste. Até mesmo pessoas que pouco têm em comum com a língua, cultura e religião dos pais professam a «nação judaica» em virtude de seu sangue e vontade. Elas vivem como «minoria nacional» em um país estrangeiro, preocupadas com direitos à cidadania e à nacionalidade e lutando por eles, em parte, visando um futuro na Palestina, em parte, sem desejar terra própria, e, com razão, convictas de que a terra pertence a todos que cumprem sua obrigação para com ela; mas sem condições de resolver a questão de como apagar do povo que os recebe o ódio primitivo e ardente contra esses estrangeiros em quantidade aparentemente perigosa e causadora de desgraças. Esses judeus também não vivem mais no gueto nem mesmo na verdadeira e calorosa tradição, são despatriados, como os assimilados, e às vezes heroicamente, porque se sacrificam voluntariamente por uma ideia, ainda que seja por uma ideia nacional...

Tanto os judeus nacionalistas como os assimilados geralmente permanecem no Leste. Aqueles porque querem conquistar seus direitos e não querem fugir, estes porque creem possuir os direitos ou porque amam a terra como a parte cristã do povo, e mais do que estes. Os emigrantes são, portanto, pessoas que se cansam dessas pequenas lutas cruéis e sabem, sentem ou apenas pressentem que no Ocidente existem problemas completamente diferentes, além dos nacionais, e que os conflitos nacionais no Ocidente consistem em um eco ruidoso do passado e apenas um ruído no presente; que no Ocidente nasceu um pensamento europeu que depois de amanhã ou muito depois e não sem sofrimento amadurecerá tornando-se um pensamento universal. Esses judeus preferem viver em países onde as questões raciais e nacionais ocupam apenas partes da população com voz forte e até mesmo poderosa, mas, sem sombra de dúvida, ultrapassada e com cheiro de mofo, sangue e estupidez, em países onde, apesar de tudo, algumas cabeças trabalham nas questões de amanhã. (Esses emigrantes provêm dos países limítrofes da Rússia, *não* da Rússia.) Outros emigram por ter perdido a profissão e o trabalho ou por não encontrar nenhum. São aqueles em busca de um ganha-pão, proletários, ainda que nem sempre com consciência proletária. Outros fugiram da guerra e da Revolução. São «refugiados», a maioria, pequenos-burgueses e burgueses, inimigos obstinados da Revolução e conservadores como nenhum arraigado aristocrata rural poderia ser.

Muitos migram por instinto e sem saber direito por quê. Atendem a um chamado impreciso do exterior ou a um chamado preciso de um parente que prosperou, atendem ao desejo de ver o mundo e de escapar da suposta estreiteza da terra natal, à vontade de agir e de fazer suas forças valerem.

Muitos regressam. Um número maior ainda fica pelo caminho. Os judeus do Leste não têm pátria em lugar nenhum, mas túmulos em todo cemitério. Muitos enriquecem. Muitos se tornam importantes. Muitos se tornam criativos na cultura estrangeira. Muitos se perdem, eles próprios e o mundo. Muitos permanecem no gueto e somente seus filhos sairão dele. A maioria dá ao Ocidente pelo menos o tanto que este lhes tira. Alguns lhe dão mais do que dele recebem. Em todo caso, o direito de viver no Ocidente têm todos que se sacrificam procurando-o.

Qualquer um que chega com uma nova força para interromper o tédio mortal e higiênico dessa civilização tem um mérito no Ocidente, ainda que seja pelo preço de uma quarentena que impomos aos emigrantes, sem sentir que nossa vida toda é uma quarentena e todos nossos países são acampamentos e campos de concentração, no entanto, com o mais moderno conforto. Os emigrantes se assimilam, infelizmente! Não tão devagar como os censuramos, porém rápido demais a nossas tristes condições de vida. Sim, eles se tornam inclusive diplomatas e jornalistas, prefeitos e dignitários, policiais e diretores de banco, e sustentáculos similares da sociedade, como são os membros arraigados da sociedade. Apenas muito poucos são revolucionários. Muitos são socialistas por necessidade pessoal. A opressão de uma raça é impossível na forma de vida pela qual o socialismo pretende lutar. Muitos veem no antissemitismo um fenômeno da forma econômica capitalista. Eles não são socialistas por ter consciência disso. São socialistas por ser oprimidos.

Em sua maioria são pequeno-burgueses e proletários sem consciência proletária. Muitos são reacionários por instinto burguês, por amor ao patrimônio e à tradição, mas também pelo medo não infundado de uma mudança de situação que para os judeus não pode ser para melhor. É um sentimento histórico, nutrido pelas experiências nas quais os judeus são as primeiras vítimas de qualquer banho de sangue orquestrado pela história mundial.

Talvez por isso o trabalhador judeu seja tranquilo e paciente. Com sua atividade apaixonada, o intelectual judeu pode dar estímulo e rigor ao movimento revolucionário. O trabalhador judeu proveniente do Leste é comparável ao alemão em seu amor pelo trabalho, sua maneira sóbria de pensar, sua vida serena.

De fato, existem trabalhadores judeus do Leste. Suponho que seja necessário salientar essa obviedade em um país no qual a tão curtos intervalos «órgãos de comunicação pública» repetem a expressão «massa improdutiva de imigrantes do Leste». Existem judeus do Leste trabalhadores, judeus que não sabem pechinchar, negociar, exagerar o preço, «calcular», que não compram roupas usadas, não mascateiam com fardos na mão, mas que apesar disso são forçados a praticar um comércio humilhante e triste, porque nenhuma fábrica os emprega, porque as leis (certamente necessárias) protegem trabalhadores locais da concorrência estrangeira e porque, mesmo que não houvesse essas leis, o preconceito dos empresários e também dos colegas tornaria a vida do trabalhador judeu impossível. Nos Estados Unidos ele não é raro. Na Europa Ocidental não se sabe nada sobre sua existência e ela é negada.

No Ocidente se nega também a existência do artesão judeu. No Leste existem judeus encanadores, marceneiros, sapateiros, alfaiates, peleteiros, tanoeiros, vidreiros e telhadores. O conceito que se tem de países do Leste Europeu, de que todos os judeus são rabinos milagrosos ou praticam o comércio, toda a população cristã consiste em camponeses que moram juntos com os porcos e senhores que caçam e bebem sem trégua, essas ideias infantis são tão ridículas quanto o sonho do judeu do Leste de uma humanidade europeia ocidental. Poetas e pensadores são mais frequentes entre pessoas do Leste do que rabinos milagrosos e comerciantes. Aliás, rabinos milagrosos e mesmo comerciantes podem ter por profissão principal a de poeta e pensador, o que parece muito difícil a generais da Europa Ocidental.

A guerra, a revolução na Rússia e a queda da monarquia austríaca aumentaram significativamente o número de judeus que emigraram para o Ocidente. Certamente eles não vieram para espalhar a peste, o terror da guerra e as (exacerbadas) atrocidades da revolução. Eles ficaram ainda menos encantados com a hospitalidade dos europeus ocidentais do que estes com a visita dos hóspedes achincalhados. (Os judeus do Leste tinham recebido os soldados da Europa Ocidental de um jeito completamente diferente.) Ora, como dessa vez eles não estavam no Ocidente porque queriam, tiveram de arranjar um meio de subsistência. O mais fácil foi encontrá-lo no comércio, que de modo algum é uma profissão fácil. Eles se renderam, tornando-se comerciantes no Ocidente.

Eles se renderam, se perderam. Sua beleza triste ruiu e uma camada cinzenta de desgosto sem sentido, de sofrimento inferior sem tragédia, se instalou em suas costas curvadas. O opróbrio aderiu a sua pele; antigamente apenas pedradas os atingiam. Fizeram acordos, modificaram seus trajes, barbas, cabelos, culto religioso, o sabá e o jeito de administrar a casa; mantiveram-se firmes nas tradições, mas a tradição os abandonou. Tornaram-se simples pequenos-burgueses. As preocupações dos pequenos-burgueses passaram a ser suas preocupações. Pagavam impostos, recebiam comprovante de residência, eram registrados e abraçavam uma «nacionalidade», uma «cidadania» que lhes era «concedida» após muitas vexações, e utilizavam os bondes, os elevadores, todas as bênçãos da cultura. Tinham até mesmo uma «pátria».

É uma pátria provisória. O pensamento nacional judeu é muito vivo no judeu do Leste, ainda que ele tenha passado por uma semiassimilação dos usos e costumes ocidentais. O sionismo e o conceito de nacionalidade são em sua essência, ainda que não em sua finalidade, conceitos europeus ocidentais. Apenas no Leste existem ainda pessoas que não se preocupam com sua «nacionalidade», ou seja, pertencem a uma «nação» de acordo com os conceitos europeus ocidentais. Elas falam várias línguas, são um produto de várias miscigenações e sua pátria é onde são forçadamente alistadas para o serviço militar. Por muito tempo, os armênios do Cáucaso não foram nem russos nem armênios, eram maometanos e caucasianos e forneceram os regimentos mais leais à guarda dos tsares russos. O pensamento nacional é ocidental. Europeus ocidentais eruditos inventaram o conceito de «nação» e tentaram esclarecê-lo. Ao que parece, a antiga monarquia austro-húngara demonstrou na prática a teoria das nacionalidades, ou seja, ela poderia ter fornecido a prova contrária dessa teoria, se tivesse sido bem governada. A incapacidade de seus governos demonstrou na prática uma teoria que se consolidou por meio de um erro e se impôs graças aos erros. O sionismo moderno nasceu na Áustria, em Viena. Foi criado por um jornalista austríaco. Nenhum outro poderia tê-lo criado. O parlamento austríaco estava representado por diversas nações que tratavam da luta pelos direitos nacionais e liberdades que teriam sido completamente óbvios se tivessem sido concedidos. O parlamento austríaco era uma substituição para campos de batalha nacionais. Se prometessem aos tchecos uma nova escola, os alemães da Boêmia se melindravam. Se dessem um governador de língua polonesa aos poloneses na Galícia Oriental, os rutenos se ofendiam. Toda nação austríaca referia-se à «terra» que lhe pertencia. Apenas os judeus não podiam se referir a nenhum solo próprio («torrão» se diz nesse caso). Na Galícia, em sua maioria não eram poloneses nem rutenos. Mas o antissemitismo era presente tanto entre alemães quanto entre tchecos, poloneses, rutenos, magiares e romenos na Transilvânia. Os judeus contradiziam o ditado, segundo o qual sempre ganha um terceiro quando dois brigam. Os judeus eram o terceiro que sempre perdia. Então, recuperaram o ânimo e abraçaram sua nacionalidade, a judaica. Substituíram a falta de um «torrão» próprio na Europa pela aspiração a uma pátria palestina. Sempre foram pessoas no exílio, agora seriam uma nação no exílio. Enviaram representantes nacionais judeus ao parlamento austríaco e também começaram a lutar por direitos nacionais e liberdades, antes mesmo que lhes reconhecessem os direitos humanos mais básicos.

«Autonomia nacional» era o grito de batalha da Europa, com o qual os judeus concordavam. O Tratado de Paz de Versalhes e a Liga das Nações se esforçaram para reconhecer também o direito dos judeus a sua nacionalidade. Hoje os judeus são em muitos Estados uma «minoria nacional». Estão ainda longe de ter o que querem, mas têm muito: escolas próprias, o direito a sua língua e mais alguns direitos desse gênero, com os quais se acredita fazer a Europa feliz.

Mas, mesmo que os judeus conseguissem conquistar todos os direitos de uma «minoria nacional», na Polônia, na Tchecoslováquia, na Romênia, na Áustria alemã, restaria ainda a grande questão de os judeus não serem muito mais do que uma minoria nacional à maneira europeia; de não serem mais do que uma «nação», como se entende na Europa; e de não estarem deixando de reivindicar algo muito mais importante do que «direitos nacionais».

Que sorte ser uma «nação» como são os alemães, os franceses, os italianos, depois de ter sido uma «nação» há 3 mil anos, e feito «guerras santas» e vivido «grandes épocas»! Depois de ter decapitado generais estrangeiros e superado seus próprios? Os judeus já passaram pela época da «história nacional» e dos «estudos patrióticos». Eles ocuparam países limítrofes, conquistaram cidades, coroaram reis, pagaram impostos, foram súditos, tiveram «inimigos», foram prisioneiros, fizeram política mundial, derrubaram ministros, tiveram uma espécie de universidade, professores e alunos, uma soberba casta de sacerdotes e riqueza, pobreza, prostituição, pessoas com posses e pessoas famintas, senhores e escravos. Eles querem isso novamente? Invejam os Estados europeus?

Certamente não querem apenas preservar sua «singularidade nacional». Querem seus direitos à vida, à saúde, à liberdade pessoal, direitos que lhes são retirados ou restritos em quase todos os países europeus. Na Palestina está se consumando um verdadeiro renascimento nacional. Os jovens *chalutzim* são camponeses e trabalhadores corajosos, dão provas da capacidade do judeu de trabalhar, de cultivar a terra e de tornar-se um filho da terra, embora tenha sido por séculos um ser dedicado aos livros. Infelizmente, os *chalutzim* também são forçados a lutar, a ser soldados e a defender a terra contra os árabes. Com isso, o exemplo europeu foi transferido para a Palestina. Infelizmente, o jovem *chalutz* não é somente um regressado ao país de seus pais e um proletário com o senso justo de uma pessoa que trabalha; mas é também um «portador de cultura», é tanto judeu quanto europeu. Leva aos árabes eletricidade, canetas-tinteiro, engenheiros, metralhadoras, filosofias rasas e toda a tralha que a Inglaterra fornece. É certo que os árabes deveriam se alegrar com ruas novas e bonitas. Mas, com razão, o instinto do homem natural se revolta com a intrusão de uma civilização anglo-saxônica e americana que traz o nome correto de renascimento nacional. O judeu tem direito sobre a Palestina, não por originar-se dessa terra, mas porque nenhum outro país o quer. O fato de o árabe temer por sua liberdade é tão compreensível quanto é sincera a vontade dos judeus de ser um fiel vizinho dos árabes. E, no entanto, a emigração dos jovens judeus para a Palestina sempre lembrará uma espécie de cruzada judaica, porque infelizmente eles também disparam suas armas.

Se, por um lado, os judeus rejeitam completamente os perniciosos usos e costumes dos europeus, por outro, não conseguem descartá-los totalmente. Eles próprios são europeus. O governante judeu da Palestina é sem dúvida inglês. E provavelmente mais inglês que judeu. Os judeus são objeto da política europeia ou seus ingênuos executores. Usam e abusam deles. De qualquer modo, dificilmente conseguirão tornar-se uma nação com uma fisionomia totalmente nova, não europeia. O sinal europeu de Caim permanece. Certamente é preferível ser uma nação própria a ser maltratada por outra. Mas é apenas uma necessidade dolorosa. Que orgulho para o judeu, que tinha deposto as armas há muito, provar mais uma vez que *também* pode fazer o serviço militar!

Pois, certamente não é o sentido do mundo compor-se de «nações» e pátrias, as quais, mesmo que quisessem realmente preservar sua singularidade cultural, ainda assim não teriam o direito de sacrificar uma vida humana sequer. As pátrias e nações querem na realidade nada mais nada menos que o sacrifício por interesses materiais. Criam «linhas de frente» a fim de preservar o interior dos países. E, em toda lamentação milenar vivida pelos judeus, eles tiveram apenas um único consolo, o de não possuir tal pátria. Se algum dia existir uma história justa, ela será atribuída aos judeus, por neles ter prevalecido a razão, por não terem tido «pátria» em uma época em que o mundo todo se entregara ao delírio patriótico.

Eles não têm «pátria», os judeus, mas em todo país que moram e pagam impostos, exigem-lhes patriotismo e uma morte heroica, censurando-os por não gostarem de morrer. Nessa situação, o sionismo é realmente ainda a única saída: já que a questão é patriotismo, então que seja pela própria pátria.

Mas, enquanto os judeus continuarem a viver em países estrangeiros, precisarão viver e infelizmente também morrer por esses países. Sim, existem até mesmo judeus que gostam de viver e morrer por esses países. Há judeus do Leste que se assimilaram ao país de sua escolha e que absorveram completamente as ideias da população local de «pátria», «obrigação», «morte heroica» e «empréstimo de guerra». Tornaram-se judeus ocidentais, europeus ocidentais.

Quem é «judeu ocidental»? É aquele que pode comprovar que seus antepassados tiveram a situação privilegiada de nunca precisar fugir dos europeus ocidentais, ou seja, dos *pogroms* alemães na Idade Média e posteriormente? Um judeu de Breslávia, que por muito tempo se chamou «Wroclaw» e era uma cidade polonesa, é mais judeu ocidental que um de Cracóvia, que ainda é polonesa? Já é judeu ocidental aquele cujo pai não consegue mais se lembrar como era em Poznań ou em Lviv? Quase todos os judeus foram algum dia judeus ocidentais, antes de ir para a Polônia ou Rússia. E todos os judeus se tornaram de repente «judeus do Leste» assim que alguns deles se tornaram judeus ocidentais. E a metade de todos os judeus, que fala do Leste com desprezo ou menosprezo, tinha avós provenientes de Ternopil. E, mesmo que seus avós não viessem de Ternopil, é apenas por acaso que seus antepassados não precisaram fugir para Ternopil. Que fácil era em meio ao tumulto de um *pogrom* ir parar no Leste, onde ainda não se começara a espancá-los!... Por isso, é injusto afirmar que um judeu, que em 1914 foi do Leste para a Alemanha, teria entendido menos o sentido de empréstimo de guerra ou de seleção geral para o serviço militar que um judeu cujos antepassados há trezentos anos já iam à seleção geral ou à repartição fiscal. Quanto mais estúpido o imigrante era, mais rápido subscrevia empréstimos de guerra. Muitos judeus, judeus do Leste ou filhos e netos de judeus do Leste, morreram por todos os países da Europa lutando em guerras. Não digo isso para desculpar os judeus do Leste. Ao contrário: *eu os recrimino*.

Morreram, sofreram, tiveram tifo, enviaram «capelães» para os campos de batalha, embora judeus possam morrer sem a presença de um rabino e precisem menos ainda do patriótico sermão do campo que seus camaradas cristãos. Eles se acercaram completamente dos maus costumes e abusos ocidentais. Assimilaram-se. Não rezam mais em sinagogas ou em casas de oração, mas em templos enfadonhos onde o culto religioso é tão mecânico como em qualquer melhor igreja protestante. Tornam-se judeus de templo, ou seja, senhores bem-educados, barbeados, de sobrecasaca e cartola, que embrulham o livro de orações no editorial do jornal judaico favorito, por acreditarem que são menos reconhecíveis pelo editorial que pelo livro de orações. Nos templos ouve-se o órgão, o chantre e o pregador têm a cabeça coberta, o que os assemelha aos sacerdotes cristãos. Todo protestante que entra por engano em um templo judaico terá de admitir que a diferença entre judeu e cristão não é tão grande assim e que afinal deveria deixar de ser antissemita se a concorrência comercial judaica não fosse tão perigosa. Os avós lutavam ainda desesperados com Jeová, batiam a cabeça até se ferirem nos tristes muros da pequena casa de orações, clamavam por castigo por seus pecados e suplicavam perdão. Os netos se ocidentalizaram, precisam do órgão para entrar em um estado de espírito, seu Deus é uma espécie de força da natureza abstrata, sua oração, uma fórmula. E estão orgulhosos disso! São tenentes de reserva, seu Deus é o superior de um capelão da corte e justamente aquele

Deus com a graça do qual os reis reinaram.

A isso se denomina cultura ocidental. Quem tem essa cultura pode menosprezar o primo autêntico e ainda puro que vem do Leste e possui mais humanidade e divindade que qualquer pregador possa encontrar nos seminários teológicos da Europa Ocidental. Tomara que esses primos tenham força o suficiente para não caírem na assimilação.

A seguir, tentarei descrever como ele e pessoas da mesma natureza vivem na terra natal e no exterior.

A CIDADEZINHA JUDAICA

A cidadezinha fica no meio de uma terra plana, delimitada por nenhuma montanha, nenhuma floresta, nenhum rio, terminando numa planície. Principia com pequenas choupanas e termina com elas. As casas revezam as choupanas. Ali começam as ruas. Uma vai de sul a norte, as outras de leste a oeste. No cruzamento fica a praça do mercado. Bem no fim da rua norte-sul fica a estação ferroviária. Uma vez por dia chega um trem de passageiros. Uma vez por dia parte um trem de passageiros. No entanto, muitas pessoas têm o que fazer o dia todo na ferroviária, pois são comerciantes. Interessam-se também por trens de carga. Além disso, gostam de levar cartas urgentes à estação, pois as caixas de correio da cidade são esvaziadas apenas uma vez ao dia. O caminho até a estação leva quinze minutos a pé. Quando chove, é preciso pegar uma condução, pois a rua é mal calçada e fica alagada. As pessoas pobres se reúnem e tomam a condução todas juntas, na qual não há assento para seis, mas mesmo assim se encontra lugar. O homem rico senta-se sozinho na condução e paga mais do que seis pobres pagam pelo trajeto. Existem oito fiacres para o transporte, seis puxados por um cavalo. Os outros dois, puxados por dois cavalos, são reservados aos passageiros distintos que às vezes por casualidade vão parar nessa cidadezinha. Os oito cocheiros são judeus. Judeus devotos que não cortam a barba, mas que não usam sobrecasaca demasiado longa como seus correligionários. Com jaquetas curtas podem exercer melhor sua profissão. No sabá não andam de fiacre. No sabá ninguém tem nada a fazer na ferroviária. A cidade tem 18 mil habitantes, entre os quais 15 mil são judeus. Entre os 3 mil cristãos há cerca de cem vendedores e comerciantes, além disso, cem funcionários públicos, um tabelião, um médico distrital e oito policiais. Existem até mesmo dez policiais, mas entre eles há estranhamente dois judeus. O que os outros cristãos fazem não sei exatamente. De 15 mil judeus, 8 mil vivem do comércio. São pequenos merceeiros, merceeiros maiores e grandes merceeiros. Os outros 7 mil judeus são pequenos artesãos, trabalhadores, carregadores de água, eruditos, funcionários da cultura, servidores da sinagoga, professores, escreventes, escribas da Torá, tecelões de *talit* – o xale de oração –, médicos, advogados, funcionários públicos, pedintes e pobres envergonhados que vivem da beneficência pública, coveiros, circuncisadores e escultores de lápides.

A cidade tem duas igrejas, uma sinagoga e cerca de quarenta pequenas casas de oração. Os judeus rezam três vezes ao dia. Precisariam percorrer seis vezes o caminho de ida e volta de casa ou da loja para a sinagoga, se não tivessem tantas casas de oração, nas quais, aliás, não apenas se reza, mas também se aprende ciência judaica. Existem eruditos judeus que estudam nas casas de oração das cinco horas da manhã à meia-noite, mais ou menos como os eruditos europeus em uma biblioteca. Apenas no sabá e em feriados vão fazer as refeições em casa. Quando não têm bens ou um benfeitor, vivem de pequenos donativos da comunidade e ocasionalmente de trabalhos religiosos, por exemplo: recitar orações e dar aulas ou tocar chofar em festividades importantes. Da família, da casa e das crianças cuidam as mulheres que vendem milho verde no verão e no inverno nafta, pepino azedo, vagens, pães e bolos.

Os comerciantes e os outros judeus de vida ativa rezam muito rápido e têm tempo de conversar de vez em quando sobre as novidades e a política do vasto e do pequeno mundo. Fumam cigarro e cachimbo com tabaco ruim na casa de oração. Comportam-se como em um cassino. Não são raros convidados de Deus, mas com ele estão em casa. Não lhe fazem uma visita oficial, mas se reúnem três vezes ao dia a suas mesas ricas, pobres, sagradas. Durante a oração se revoltam contra ele, gritam aos céus, lamentam sua severidade e fazem junto a Deus um processo contra Deus, para então confessar que pecaram, que todos os castigos foram justos e que querem melhorar. Não há nenhum povo que tenha tal relação com Deus. É um povo antigo que conhece Deus há muito tempo! Experimentou sua grande bondade e sua fria justiça, pecou com frequência e expiou amargamente, e sabe que pode ser castigado, mas nunca abandonado.

Todas as casas de oração parecerão iguais a um estrangeiro. Mas não são, e em muitas o culto religioso é diferente. A religião judaica não tem seitas, mas grupos semelhantes a uma seita. Existe uma ortodoxia de rigor implacável e uma mais branda, há uma quantidade de orações «asquenazes» e «sefarditas» e diferenças nos textos das mesmas orações.

É muito clara a separação entre judeus, ditos esclarecidos, e cabalistas, os seguidores de diversos rabinos milagrosos, dos quais cada um tem seu grupo de *chassidim*. Os judeus esclarecidos não são ímpios, apenas rejeitam qualquer misticismo, e sua fé firme nos milagres narrados na Bíblia não pode ser abalada pela descrença que eles têm em relação aos milagres dos rabinos atuais. Para os *chassidim*, o rabino milagroso é um mediador entre o ser humano e Deus. Os judeus esclarecidos não precisam de um mediador e consideram pecado acreditar em uma força terrena que estaria em condições de antecipar os desígnios de Deus. Eles são seus próprios intercessores. Contudo, mesmo não sendo *chassidim*, muitos judeus não conseguem furtar-se à aura maravilhosa que envolve um rabino; judeus descrentes e mesmo camponeses cristãos procuram o rabino em situações difíceis a fim de encontrar consolo e ajuda.

Todos os judeus do Leste apresentam uma frente unida, ou ao menos aparentemente unida, ao estrangeiro e ao inimigo. Para o mundo externo não vaza nada do fervor com o qual os grupos se combatem entre si, nada do ódio e da amargura que põem os seguidores de um rabino milagroso contra os de outro, e nada do desprezo que todo judeu religioso nutre por aqueles filhos de seu povo que na aparência se adaptaram aos costumes e ao vestuário do entorno cristão. A maioria dos judeus religiosos condena incisivamente aquele que raspa a barba, pois em geral o rosto barbeado é a marca visível do abandono da fé. O judeu barbeado não traz mais o traço distintivo de seu povo. Mesmo que não queira, tenta parecer um dos felizes cristãos que não são perseguidos nem escarnecidos. Do antissemitismo também não escapa, mas é dever do judeu não esperar de seres humanos, mas de Deus, um abrandamento de seu destino. Qualquer assimilação, ainda que só por fora, é uma fuga ou a tentativa de fuga da triste comunidade dos perseguidos; é uma tentativa de compensar os antagonismos que muito embora existam.

Não existem mais limites para se proteger da mistura. Por isso, todo judeu traz os limites a seu redor. Seria uma pena desistir deles. Pois, por maior que seja a aflição, o futuro trará a grandiosa salvação. A aparente covardia do judeu, que não reage à pedrada do menino que está brincado e que não quer ouvir os insultos, é na verdade o orgulho daquele que sabe que um dia vencerá e que nada pode lhe acontecer, se Deus não quer, e que uma reação de defesa não protege de forma tão maravilhosa quanto a vontade de Deus. Ele já não deixou com satisfação que o queimassem vivo? O que é uma pedra e a saliva de um cão raivoso perto disso? O desprezo que um judeu do Leste sente pelos infiéis é mil vezes maior que aquele que poderia atingi-lo. O que é um senhor rico, um oficial superior de polícia, um general, um governante diante de uma das palavras de Deus que o judeu sempre tem no coração? Enquanto ele cumprimenta esse senhor, ri dele. O que sabe esse senhor sobre o verdadeiro sentido da vida? Mesmo que fosse sábio, sua sabedoria nadaria na superfície das coisas. Ele pode conhecer as leis do país, construir ferrovias e inventar coisas estranhas, escrever livros e ir à caça com os reis. O que é tudo isso diante de um pequeno sinal na Escritura Sagrada e da pergunta mais estúpida de um jovem estudante talmúdico?

O judeu que pensa assim é completamente indiferente a qualquer lei que lhe garanta liberdade pessoal e nacional. Para ele nada de bom pode vir do ser humano. Sim, é quase um pecado lutar com ele por alguma coisa. Esse judeu não é judeu «nacionalista» no sentido europeu ocidental. Ele é o judeu de Deus, não luta pela Palestina, odeia o sionista que quer erigir um judaísmo com ridículos meios europeus que não seria mais judaísmo por não ter esperado pelo Messias e pela mudança dos desígnios de Deus que certamente ainda virão. Nesse grande delírio há tanta abnegação quanto na coragem dos jovens *chalutzim* que constroem a Palestina, mesmo que estes levem a um fim e aqueles ao aniquilamento. Entre essa ortodoxia e um sionismo que constrói estradas durante o sabá não pode haver reconciliação. Um cristão é mais próximo de um chasside do Leste europeu e de um ortodoxo que um sionista, pois este quer mudar o fundamento do judaísmo. Ele quer uma nação judaica que se pareça mais ou menos com as nações europeias. Talvez então se tenha um país próprio, mas nenhum judeu. Esses judeus não percebem que o progresso do mundo aniquila a religião judaica, que cada vez menos fiéis têm perseverança e que o número de religiosos diminui. Eles não veem o desenvolvimento judaico em relação ao desenvolvimento do mundo. Pensam de modo sublime e errado.

Muitos ortodoxos se deixaram convencer. Não veem mais na barba raspada a insígnia dos apóstatas. Seus filhos e netos vão como trabalhadores para a Palestina. Seus filhos se tornam deputados judeus nacionais. Eles se resignaram, se reconciliaram e apesar disso não deixaram de acreditar no milagre do Messias. Fecharam acordos.

Uma grande quantidade de *chassidim*, que ocupa uma posição muito curiosa dentro do judaísmo, permanece ainda irreconciliável e amarga. Eles são para os europeus ocidentais tão distantes e enigmáticos quanto os habitantes do Himalaia, que agora entraram na moda. Sim, é difícil estudá-los, pois, com mais sensatez que os objetos indefesos do afã investigativo europeu, já tomaram conhecimento da superficialidade civilizatória da Europa e não se pode impressioná-los com projetores de cinema nem com binóculos ou aeroplanos. Mas, ainda que sua ingenuidade e hospitalidade fossem tão grandes como as de outros povos estrangeiros, explorados por nossa sede de conhecimento, mesmo assim, dificilmente se encontraria um erudito europeu que empreendesse uma viagem de estudos para conhecer os *chassidim*. Como os judeus vivem em toda parte entre nós, são considerados como objeto já «investigado». Na propriedade de um rabino milagroso acontecem coisas tão interessantes quanto entre os faquires indianos.

Muitos rabinos milagrosos vivem no Leste, e cada um é considerado como o maior por seus seguidores. O título de rabino milagroso é transmitido há várias gerações de pai para filho. Cada um mantém sua propriedade, cada um tem sua guarda pessoal e *chassidim* que entram e saem de sua casa, que com ele rezam, jejuam e comem. Ele pode abençoar, e sua bênção se cumpre. Pode praguejar, e sua praga se cumpre atingindo toda uma geração. Ai daquele que o nega e o escarnece. Bendito o fiel que lhe leva presentes. O rabino não o utiliza para si, vive de modo mais modesto que o mais miserável dos mendigos. Sua alimentação serve somente para mantê-lo vivo. Ele vive apenas para servir a Deus. Nutre-se de bocadinhos de alimentos e golinhos de bebidas. Sentado à mesa entre os seus, pega apenas um pouquinho do prato farto, toma um gole e deixa o prato circular pela mesa. Cada convidado fica satisfeito com o alimento do rabino. Ele próprio não tem necessidades fisiológicas. O prazer carnal com a mulher é um dever sagrado e somente por isso é um prazer, por ser uma obrigação. Ele precisa gerar filhos para que o povo de Israel se multiplique, como a areia do mar e as estrelas no céu. As mulheres são sempre banidas de seu entorno. A refeição também é menos comida do que agradecimento ao criador pelo milagre dos alimentos e o cumprimento do mandamento de alimentar-se de frutos e animais – pois Ele criou tudo para o ser humano. Dia e noite o rabino lê os livros sagrados. De tanto lê-los já conhece muitos de cor. Mas cada palavra, até mesmo, cada letra tem milhões de aspectos e cada aspecto testemunha a grandeza de Deus, da qual jamais se aprende o bastante. Dia após dia aparecem pessoas cujo caro amigo está doente; cuja mãe morreu; que são ameaçadas de prisão; perseguidas por autoridades; cujo filho é recrutado para servir a estrangeiros e morrer em uma guerra besta; ou homens cujas mulheres são estéreis e querem ter um filho; ou pessoas que precisam tomar uma decisão importante e não sabem o que fazer. O rabino ajuda e não apenas serve de mediador entre o ser humano e Deus, mas também, o que é mais difícil, entre ser humano e ser humano. De lugares longínquos vão até ele, que em um ano ouve sobre os destinos mais bizarros e nenhum caso é tão complexo que já não tenha ouvido outro pior ainda. O rabino tem tanta sabedoria quanto experiência, tanta inteligência prática quanto crença em si próprio e em sua condição de ser escolhido. Com um conselho ele ajuda tanto quanto com uma oração, aprendeu a interpretar os aforismos das Escrituras e os mandamentos de Deus sem que estes contradigam as leis da vida e sem que reste uma lacuna que possa servir a um contestador. Desde o primeiro dia da criação muitas coisas mudaram, mas não a vontade de Deus, que se manifesta nas leis fundamentais do universo. Não é necessário fazer concessões para prová-lo. Tudo é apenas uma questão de compreensão. Quem já passou por tantas experiências como o rabino supera a dúvida. A etapa do saber ele já deixou para trás. O círculo é fechado. O ser humano crê novamente. A altaneira ciência do cirurgião leva o paciente à morte e a sabedoria insípida do físico leva o discípulo ao erro. Não se acredita mais em quem sabe, mas em quem crê.

Muitos acreditam nele. O próprio rabino não faz diferença entre os mais fiéis cumpridores dos mandamentos escritos e os menos fiéis, nem sequer entre judeu e não judeu, entre animal e gente. Aquele que o procura tem certeza de sua ajuda. Ele sabe mais do que lhe é permitido dizer, sabe que sobre este mundo existe outro, com outras leis, e talvez até intua que proibição e mandamentos façam sentido neste mundo e, em outro, não tenham significado. O que importa é seguir a lei não escrita que para ele é muito mais válida.

Cercam sua casa, normalmente maior, mais clara, mais ampla que as casinhas de judeus. Alguns rabinos milagrosos podem manter uma verdadeira propriedade, suas mulheres trajam roupas caras e dão ordens às criadas, possuem cavalos e estábulos: não pelo prazer, mas para exibir.

Era um dia de fim de outono em que peguei o caminho para visitar o rabino. Um dia de outono da Europa do Leste, tardio, ainda quente, de grande humildade e abnegação dourada. Levantei-me cedo, às cinco, a neblina subia úmida e fria e o lombo dos cavalos, que esperavam, arrepiavam. Cinco mulheres judias estavam sentadas comigo em uma carroça. Elas usavam lenços pretos de lã, aparentavam ser mais velhas do que eram, o desgosto marcara seus corpos e fisionomias, eram vendedoras, levavam aves às casas dos ricos e viviam de escassa renda. Todas levavam consigo os filhos pequenos. Onde deixariam as crianças no dia em que toda a vizinhança ia visitar o rabino?

Com o dia clareando chegamos à cidadezinha do

rabino e vimos que muita gente já havia chegado antes de nós. Essas pessoas já estavam lá havia alguns dias, dormiam nas entradas da casa, em celeiros, sobre o feno, e os judeus do local faziam bons negócios alugando lugares para dormir por um bom dinheiro. A grande estalagem já estava lotada. A rua era acidentada, estacas de cerca apodrecidas substituíam o calçamento e as pessoas se acocoravam sobre essas estacas.

Eu estava de casaco de pele curto e botas para equitação, parecendo um temido funcionário do Estado cujo aceno podia significar prisão. Por isso as pessoas me deixaram passar à frente, me deram lugar e se admiraram com minha cortesia. Na frente da casa do rabino estava um judeu ruivo, o mestre de cerimônias, que todos importunavam com pedidos, praguejamentos, notas de dinheiro e empurrões, um homem com poder que não conhecia a misericórdia e que com um tipo de rudeza calculada empurrava tanto os que imploravam quanto os que ralhavam. Acontecia também de ele pegar dinheiro de alguns e mesmo assim não deixá-los entrar, esquecia-se de quem recebera dinheiro ou fazia como se tivesse esquecido. Seu rosto era pálido como cera, sombreado por um chapéu de veludo preto e redondo. A barba de um vermelho acobreado, em emaranhados densos de pelos saindo do queixo, roçava as pessoas, apresentava falhas nas bochechas, como um forro velho, e crescia a seu bel-prazer, sem observar certa ordem que a natureza também estabelecera para as barbas. O judeu tinha pequenos olhos amarelados sob sobrancelhas muito ralas, pouco visíveis, maxilares largos e rijos, que revelavam a miscigenação eslava, e lábios pálidos, azulados. Quando ele gritava, via-se sua dentição bastante amarela e, quando empurrava alguém, sua mão forte hirsuta e ruiva.

Dei um sinal a esse homem para que ele entendesse que se tratava de algo extraordinário e que só poderíamos conversar entre quatro paredes. Ele desapareceu, bateu a porta, trancou-a e veio até mim apartando a multidão.

– Eu vim de longe, não sou daqui e gostaria de falar com o rabino. Mas não posso lhe dar muito dinheiro.

– Se o senhor tem um doente ou quer uma oração pela saúde dele ou se o senhor está mal, então escreva um bilhete com tudo que quiser e o rabino vai ler e rezar pelo senhor!

– Não, eu quero vê-lo!

– Será que o senhor pode vir depois das festividades religiosas?

– Não posso, preciso vê-lo hoje!

– Então, não posso ajudá-lo ou o senhor vai pela cozinha.

– Onde fica a cozinha?

– Do outro lado.

«Do outro lado» esperava um senhor que obviamente pagara muito. Era um senhor, sob todos os aspectos, um senhor. Percebia-se pela corpulência, pelo casaco de pele e pelo olhar, que nem procurava nem havia encontrado um alvo. Ele sabia bem que a porta da cozinha se abriria em cinco minutos, o mais tardar em dez.

Mas, quando realmente se abriu, o rico senhor empalideceu um pouco. Percorremos um corredor escuro de piso irregular, ele acendeu fósforos, mas apesar disso caminhava inseguro.

Permaneceu um bom tempo com o rabino e saiu

de lá radiante. Depois ouvi dizer que esse senhor tinha o costume de visitar o rabino uma vez por ano e passar por sua cozinha; que ele era um rico comerciante de nafta, possuía minas e distribuía tanto dinheiro entre os pobres que podia esquivar-se de muitos deveres sem precisar temer um castigo.

O rabino estava em uma sala despojada, sentado à pequena mesa de frente para a janela que dava para o pátio, com a mão esquerda apoiada sobre a mesa. Tinha o cabelo preto, a barba preta e curta e olhos cinzentos. O nariz se destacava do rosto com a força de uma decisão repentina, achatando-se e se tornando mais largo no final. As mãos do rabino eram finas e ossudas, as unhas, brancas e pontudas.

Perguntou-me com uma voz forte o que eu desejava e me olhou furtivamente apenas um momento para então sair para o pátio.

Disse-lhe que queria vê-lo e que ouvira falar muito de sua inteligência.

– Deus é inteligente! – disse e tornou a me olhar.

Chamou-me à mesa com um aceno, me deu a mão e disse em tom afetuoso de velho amigo: – Tudo de bom!

Retomei o mesmo caminho de volta. Na cozinha, o ruivo tomava apressadamente uma sopa de vagem com uma colher de pau. Dei a ele uma nota de dinheiro. Ele a pegou com a mão esquerda e com a direita levou a colher à boca.

Seguiu-me até lá fora. Queria ouvir as novidades e saber se o Japão se armava para uma nova guerra.

Falamos sobre as guerras e a Europa. Ele disse:
– Ouvi dizer que os japoneses não são góis como os europeus. Mas então por que fazem guerra?

Acredito que qualquer japonês ficaria embaraçado e não teria encontrado uma resposta.

Vi que nessa cidadezinha havia muitos judeus ruivos. Algumas semanas mais tarde comemoraram a Festa da Torá e vi como eles dançavam.

Não era a dança de uma espécie degenerada. Não era apenas a força de uma fé fanática. Era uma forma de saúde que irrompia na religiosidade.

Os *chassidim* se davam as mãos, dançavam em roda, desfaziam-na e batiam palmas, balançavam ritmadamente a cabeça para a esquerda e para a direita, pegavam os rolos da Torá girando-os como as meninas, apertando-os contra o peito, beijavam-nos e choravam de alegria. Na dança havia um desejo erótico. Comoveu-me profundamente que um povo sacrificasse seu prazer sensual a seu Deus, que fizesse do livro das leis mais severas sua amante e que não pudesse mais discernir o desejo carnal do prazer espiritual, fazendo dos dois uma unidade. Era ardor e fervor, a dança um culto religioso e a oração lascívia.

As pessoas bebiam hidromel em grandes jarras. De onde procede a mentira de que os judeus não sabem beber? É meio admiração, meio recriminação, desconfiança em relação a uma raça criticada por sua constante ponderação. Mas eu vi como os judeus a perderam, no entanto, não após três canecas de cerveja, senão depois de cinco jarras de um hidromel forte, e não por festejar uma vitória, mas pela alegria de ter recebido de Deus a lei e o saber.

Eu já os havia visto perderem a ponderação, por estarem rezando. Foi durante o Yom Kipur. Na Europa Ocidental se chama «Dia do Perdão», um nome que contém toda a disponibilidade conciliatória do judeu ocidental. Mas o Yom Kipur não é um dia de perdão senão de expiação, um dia pesado cujas 24 horas contêm a expiação de 24 anos. Ele começa na véspera, às quatro horas da tarde. Em uma cidade cuja maioria dos habitantes é judia, a maior de todas as festas judaicas é sentida como um pesado temporal no ar, como se se estivesse em um barco frágil em alto--mar. Os becos escurecem de repente, porque as velas de todas as janelas são apagadas, as lojas são rapidamente fechadas, com uma precipitação temerosa, e de forma tão indescritivelmente vedada, que se acredita que elas só se reabrirão no Dia do Juízo Final. É uma despedida geral de todas as coisas terrenas: dos negócios, da alegria, da natureza e da comida, da rua e da família, dos amigos e dos conhecidos. Pessoas que, ainda há duas horas, andavam com roupas cotidianas e a fisionomia habitual, agora corriam metamorfoseadas, pelos becos, rumo à casa de orações, vestidas de seda preta, pesada, e do terrível branco de suas roupas fúnebres, de meias brancas e pantufas largas, cabeças inclinadas, o manto de oração sob o braço e o grande silêncio que fica muito mais intenso em uma cidade quase oriental de tão ruidosa, pesa mesmo sobre as crianças cheias de vida cujo alarido é a acentuação musical mais forte da vida cotidiana. Agora, todos os pais abençoam os filhos. Agora todas as mulheres choram diante dos candelabros de prata. Todos os amigos se abraçam. Todos os inimigos se pedem mutuamente perdão. O coro dos anjos entoa o Dia do Juízo. Em breve Jeová abrirá o grande livro onde estão registrados os pecados, castigos e destinos deste ano. Agora as velas queimam para todos os mortos. Outras queimam para todos os vivos. A apenas um passo deste mundo estão os mortos, assim como os vivos do além. A grande reza começa. O grande jejum foi iniciado há uma hora. Centenas, milhares, dezenas de milhares de velas queimam umas ao lado das outras, umas atrás das outras, inclinam-se mutuamente, derretem-se em grandes chamas. De mil janelas eclode a reza gritante, interrompida por melodias silenciosas, suaves, do além, escutadas do canto celestial. Em todas as casas de oração as pessoas estão face a face. Algumas se jogam no chão, ficam bastante tempo embaixo, levantam-se, sentam-se no chão de pedra e nos banquinhos, acocoram-se e pulam de repente, balançam a parte superior do corpo, correm na pequena sala de lá para cá sem cessar, como sentinelas da oração extasiados, casas inteiras estão lotadas de mortalhas brancas, de vivos que não estão aqui, de mortos que revivem, nenhuma gota umedece os lábios secos e refresca a garganta que tanto grita seu lamento, não a este mundo, ao além-mundo. Não vão comer hoje nem amanhã. É terrível saber que hoje e amanhã ninguém vai comer e beber nessa cidade. Todos se tornaram de repente espíritos, com as características de espíritos. Qualquer pequeno merceeiro é um sobre-humano, pois hoje quer alcançar Deus. Todos estendem as mãos para pegar a ponta de sua vestimenta. Todos, sem distinção: os ricos são tão pobres quanto os pobres, pois ninguém tem nada para comer. Todos são pecadores e rezam. São pegos por uma vertigem, titubeiam, enlouquecem, sussurram, machucam-se, cantam, clamam, choram, lágrimas pesadas correm pelas velhas barbas e a fome desaparece ante a dor da alma, ante a eternidade das melodias que o ouvido enlevado percebe.

Somente em enterros judaicos vi semelhante transformação das pessoas.

O corpo do judeu religioso é acomodado em uma caixa de madeira simples, coberto por um lenço preto. Não é conduzido, mas carregado por quatro judeus, a passos acelerados e pelo caminho mais curto, não sei se é uma norma ou se assim acontece porque a passos lentos o peso seria dobrado para os carregadores. Quase correm com o corpo pela rua. Os preparativos levaram um dia. Nenhum morto pode permanecer mais de 24 horas sobre a terra. Na cidade toda pode-se ouvir o lamento dos parentes. As mulheres andam pelos becos e gritam sua dor a qualquer estranho. Elas falam com os mortos, dão nomes carinhosos a eles, pedem perdão e misericórdia, enchem-se de autorrecriminações, perguntam desorientadas o que vão fazer agora, garantem que não querem mais viver, e tudo no meio da rua, na estrada, andando ligeiro, enquanto rostos indiferentes olham das casas, estranhos fazem seu trabalho, carros passam e os donos das lojas atraem os fregueses.

As cenas mais comoventes acontecem no cemitério. As mulheres não querem sair das sepulturas, é preciso contê-las, o consolo parece um ato de domar. A melodia da oração para os mortos é de uma grandiosa simplicidade, a cerimônia do sepultamento é curta e quase arrebatada, é grande a legião de mendigos suplicando por esmolas. Os parentes mais próximos passam sete dias na casa do morto, no chão, em banquinhos, andam de meias e ele próprios são como semimortos. Na janela queima uma pequena vela de finados de luz tênue diante de uma tela branca, e os vizinhos levam um ovo cozido aos que estão de luto, o alimento daqueles cuja dor é redonda sem começo e sem fim.

Mas a alegria pode ser tão violenta quanto a dor.

Um rabino milagroso casou seu filho de catorze anos com a filha de dezesseis de um colega, e os *chassidim* dos dois rabinos foram à festa, que durou oito dias e teve cerca de seiscentos convidados.

A administração pública lhes disponibilizou uma caserna sem uso. Três dias durou a andança dos convidados. Vinham de carro, a cavalo, com sacos de palha, almofadas, crianças, joias, malas grandes, e se acomodavam nos espaços da caserna.

Era um grande movimento na cidadezinha. Por volta de duzentos *chassidim* se disfarçavam, vestiam velhos trajes russos, cinturavam-se com velhas espadas e andavam a cavalo sem sela pela cidade. Havia bons cavaleiros entre eles que desmentiam as piadas de mau gosto sobre médicos militares judeus, segundo as quais os judeus têm medo de cavalo.

A barulheira, o empurra-empurra, a cantoria, as danças e a bebedeira duraram oito dias. Não permitiram minha presença na festa. Tinha sido organizada apenas para a família e os mais chegados. Os estranhos se espremiam do lado de fora, viam pela janela e escutavam a música para dançar, que, por sinal, era boa.

Existem bons músicos judeus na Europa do Leste. Essa profissão é hereditária. Alguns músicos alcançam grande prestígio e glória que ultrapassam algumas milhas de sua cidade natal. Os verdadeiros músicos não têm maiores ambições. Eles compõem melodias sem ter a menor noção de partituras, passam-nas para os filhos e em parte para grande parte do povo judeu do Leste. São os compositores de canções populares.

Quando morrem, contam-se ainda anedotas de suas vidas durante cinquenta anos. Logo seus nomes desaparecem, suas melodias são cantadas e aos poucos se espalham pelo mundo.

Os músicos são muito pobres, pois vivem da alegria alheia. Recebem uma miséria e ficam contentes quando podem levar algo bom de comer e pão de mel para a família. Recebem gorjetas dos convidados ricos para quem «tocam». Conforme a lei implacável do Leste, todo homem pobre tem muitos filhos, ou seja, os músicos também. Isso é ruim, mas também é bom, pois os filhos se tornam músicos e formam uma «capela» que, quanto maior for, mais dinheiro ganhará, e, quanto mais representantes tiver, mais se espalhará a fama de seu nome. Às vezes, um descendente tardio dessa família sai pelo mundo afora e se torna um virtuose famoso. Alguns desses músicos vivem no Ocidente, e não faz sentido mencionar seus nomes. Não que isso pudesse ser embaraçoso para eles, mas porque seria injusto com seus antepassados desconhecidos, que não precisam da confirmação de sua grandeza por meio do talento dos netos.

Os «cantores», assim chamados no Ocidente, recitadores de orações e cuja profissão se denomina *chazan* também alcançam a glória artística. Esses cantores vivem geralmente melhor que os músicos, pois sua tarefa é religiosa, sua arte, sacra e solene. Sua atividade é afim com a dos sacerdotes. Alguns, cuja fama chega até os Estados Unidos, recebem convites para os ricos bairros judaicos americanos. Em Paris, onde existem algumas comunidades de judeus do Leste ricos, os representantes das sinagogas convidam todos os anos para as festividades religiosas um dos famosos cantores e recitadores do Leste. Os judeus vão então rezar como se vai a um concerto, e tanto sua necessidade religiosa quanto artística são saciadas. Pode ser que o conteúdo das orações cantadas, o espaço em que são recitadas elevem o valor artístico do cantor. Nunca pude verificar se tinham razão os judeus que me disseram com convicção que este ou aquele *chazan* teria cantado melhor que Caruso.

O *batlen* é a profissão mais estranha entre os judeus do Leste. É um cômico, louco, filósofo, contador de histórias. Em toda cidade pequena vive pelo menos um *batlen*. Em casamentos e batizados ele diverte os convidados, dorme na casa de orações, inventa histórias, escuta atento os homens disputarem e quebra a cabeça com coisas inúteis. Não o levam a sério, mas ele é a pessoa mais séria de todas. Ele também poderia comercializar penas e corais como esse homem rico que o convidou para o casamento para que ele deboche de si próprio. Mas ele não faz negócios, tem dificuldade em exercer uma atividade comercial, casar-se, ter filhos e ser um membro respeitável da sociedade. Às vezes anda de vilarejo em vilarejo, de cidade em cidade. Não morre de fome, mas está sempre à beira da fome. Não morre, apenas abre mão de tudo, mas quer abrir mão de tudo. Talvez suas histórias causassem sensação na Europa, se fossem impressas. Muitas tratam de temas conhecidos da literatura iídiche e russa. O famoso Scholem Aleichem era um tipo de *batlen*, apenas mais ciente, mais ambicioso e convicto de sua tarefa cultural.

Talentos épicos são comuns no Leste. Em toda família existe um tio que sabe contar histórias. Normalmente são poetas recônditos que preparam suas histórias ou as inventam e modificam à medida que vão narrando.

As noites de inverno são frias e longas e os contadores de histórias, que normalmente não têm lenha o suficiente para se aquecer, gostam de contar histórias por alguns copos de chá e um pouco do calor de forno. São tratados de modo diferente, melhor do que os cômicos profissionais, pois, ao menos, tentam exercer uma profissão prática, sendo espertos o bastante para omitir do judeu mediano, totalmente dotado de senso prático, a bela loucura que os loucos anunciam aos quatro ventos. Os loucos são revolucionários. Mas os contadores de histórias amadores fecharam acordos com o mundo burguês e permaneceram diletantes. O judeu mediano aprecia arte e filosofia, se não forem religiosas, apenas como «entretenimento». Mas é sincero o suficiente para admitir e não tem a ambição de falar de música e arte.

Há alguns anos o teatro iídiche se tornou tão conhecido no Ocidente que nesta altura seria supérfluo fazer-lhe um tributo. É quase mais uma instituição do gueto ocidental que do oriental. O judeu religioso não o frequenta por acreditar que estaria transgredindo os preceitos religiosos. Os frequentadores de teatro no Leste são judeus «esclarecidos», a maioria hoje em dia já tem um sentimento de nacionalidade. São europeus, ainda que longe de ser o tipo europeu ocidental que frequenta o teatro para «matar a noite».

No Ocidente não se conhece de forma alguma o tipo do judeu do Leste que vem do campo. Ele nunca vai para o Ocidente, está tão encravado em seu «torrão» quanto o camponês, ele próprio é meio camponês, arrendatário ou moleiro ou taberneiro na aldeia. Nunca apendeu nada, normalmente mal sabe ler e escrever. Sabe apenas fazer pequenos negócios. É um pouco mais inteligente que o camponês, é forte e alto e tem uma saúde inacreditável, tem coragem física, gosta de uma briga e não se acovarda diante do perigo. Muitos tiram proveito de sua superioridade em relação aos camponeses e deram oportunidade na antiga Rússia para *pogroms* locais, na Galícia para a perseguição antissemita. Mas muitos têm uma religiosidade natural de camponês e uma grande pureza de coração. Muitos têm o bom senso que se encontra em todos os países e se desenvolve lá onde uma raça sensata está diretamente sujeita às leis da natureza.

É difícil, para mim, falar do proletariado judeu do Leste. Não posso poupar uma grande parte desse proletariado da grave acusação de ser inimiga de sua própria classe; se não inimiga, contudo indiferente. Nenhuma das muitas acusações injustas e sem sentido feitas no Ocidente aos judeus é tão injusta quanto a de que eles são destruidores da ordem, ou seja, o que o pequeno-burguês chama de bolchevique. O pobre judeu é o ser mais conservador de todos os pobres do mundo. Ele é inclusive uma garantia para a preservação da antiga ordem social. Os judeus em sua grande e absoluta maioria constituem uma classe burguesa com suas próprias características nacionais, religiosas e raciais. O antissemitismo no Leste (como, aliás, também no Ocidente) é geralmente mais revolucionário, conforme a expressão conhecida, realmente um «socialismo de palermas», mas mesmo assim um socialismo. O pobre-diabo eslavo, o pequeno camponês, o trabalhador e o artesão vivem na convicção de que o judeu tem dinheiro. Ele tem tão pouco dinheiro quanto seus inimigos antissemitas, mas vive de modo burguês, passa fome e privações de forma mais regrada que o proletário cristão. Pode-se dizer: ele não faz suas refeições diariamente em horários determinados. Somente uma vez por semana, na sexta-feira à noite, come como seus correligionários abastados. Manda seus filhos para a escola e os veste melhor, sabe poupar e sempre possui algo, porque pertence a uma raça antiga: uma joia que herdou de um antepassado, camas, móveis. Sempre encontra uma buginganga de valor em sua casa. É bastante esperto de não vender nada. Não se embriaga e não tem a triste, porém saudável, imprudência do proletário cristão. Quase sempre pode dar à filha um pequeno dote, sempre um enxoval. Pode inclusive sustentar o genro. O judeu pode ser artesão ou pequeno comerciante, pobre erudito ou servidor do templo, mendigo ou carregador de água, mas não *quer* ser proletário, ele *quer* se diferenciar da população pobre do país e *interpreta* o papel de uma pessoa bem situada. Se é mendigo, prefere mendigar nas casas dos ricos e não na rua. Também mendiga nas ruas, mas sua renda principal provém de uma espécie de clientela regular que ele procura muito pontualmente. Não vai pedir esmolas aos camponeses ricos; mas aos judeus menos abastados. Ele sempre tem um orgulho burguês. O talento burguês do judeu de ser caridoso tem seu fundamento no conservadorismo do judaísmo e impede uma revolução da massa proletária. Religião e costumes proíbem todo tipo de violência, proíbem rebelião, indignação e inclusive inveja declarada. O pobre judeu crente se resignou a seu destino, como o pobre crente de qualquer religião. Deus faz um rico, outro pobre. Indignar-se com o rico seria indignar-se com Deus.

Apenas os trabalhadores judeus são proletários conscientes. Ali há um socialismo de diferentes nuances. O judeu do Leste socialista e proletário é por natureza menos judeu que um membro burguês ou semiproletário de sua tribo. Também é menos judeu quando professa um judaísmo nacional e o sionismo. O judeu socialista mais nacionalista é o Poale Zion que ambiciona uma Palestina socialista ou ao menos trabalhista. As fronteiras entre judeus socialistas e comunistas são menos nítidas, e não se pode falar de uma inimizade entre proletários como acontece entre nós. Muitos trabalhadores judeus pertencem aos partidos socialistas e comunistas de seus países, portanto são socialistas poloneses, russos e romenos. Para quase todos eles, a questão nacional vem depois da questão social. Os trabalhadores de todas as nações pensam assim. «Liberdade nacional» é o conceito luxuoso de uma espécie que não tem outras preocupações. Se de todas as nações uma tem direito de reconhecer um conteúdo de importância vital na «questão nacional», então é a dos judeus a quem o nacionalismo dos outros impõe que se tornem uma «nação». Entretanto, até mesmo os trabalhadores *dessa* nação sentem a importância maior do problema social. Eles são mais fortes em sua sensibilidade proletária, mais honestos e mais consequentes, portanto mais «radicais», o que no moderno jargão dos líderes partidários da Europa Ocidental consiste em uma característica ultrajante. Acreditar que os judeus são revolucionários radicais não passa de um erro dos antissemitas. Para o judeu burguês e semiproletário, um judeu revolucionário é um horror.

Sinto-me bastante constrangido por ter de denominar proletárias as pessoas contra sua vontade. A algumas posso conferir a denominação eufêmica e absurda, inventada na Europa Ocidental: proletariado intelectual. Esses são os escribas da Torá, os professores judeus, os fabricantes de mantos de oração e de velas de cera, os magarefes ritualistas e os pequenos funcionários públicos do culto. Digamos que se trata de um proletariado confessional. E existe ainda uma multidão de sofredores, espezinhados e desprezados, que não encontram consolo na fé nem na consciência de classe nem no modo de pensar revolucionário. Deles fazem parte, por exemplo, os carregadores de água das cidadezinhas que, por um ínfimo salário semanal, desde de manhã cedo até tarde da noite enchem as tinas das casas dos ricos. São pessoas comoventes, ingênuas, de uma força física quase não judaica. Eles se equiparam socialmente aos carregadores de móveis, aos carregadores de bagagem e a uma série de outros que vivem de trabalhos ocasionais, mas de trabalhos. É uma espécie saudável, corajosa e de bom coração. Em lugar nenhum a bondade está tão próxima da força física, em lugar nenhum a rudeza está tão distante de uma tarefa grosseira como entre os trabalhadores ocasionais judeus.

Alguns dos camponeses eslavos convertidos ao judaísmo vivem desses trabalhos ocasionais. Essas conversões religiosas são relativamente frequentes no Leste, embora o judaísmo oficial se oponha e a religião judaica entre todas do mundo seja a única a não querer converter. Sem dúvida, no judeu do Leste há muito mais sangue eslavo que sangue germânico no judeu-alemão. Quando os europeus ocidentais antissemitas e os judeus alemães nacionalistas acreditam que os judeus do Leste são mais «semitas» e, portanto, «mais perigosos», é igualmente um erro, como a crença de um banqueiro judeu ocidental se sentir «mais ariano» por já ter havido casamentos mistos em seu parentesco.

OS GUETOS OCIDENTAIS

VIENA

I

Os judeus do Leste que vêm para Viena instalam-se em Leopoldstadt, o segundo dos vinte distritos. Ali estão próximos do Prater e da Estação Ferroviária Norte. No Prater, os mascates podem viver de cartões-postais para estrangeiros e da compaixão que costuma acompanhar a alegria em todo lugar. Todos chegaram à Estação Norte, pelos saguões sopra ainda o aroma da terra natal que é o portão aberto para o caminho de volta.

O Leopoldstadt é um gueto voluntário. Muitas pontes o ligam aos outros distritos da cidade. Por essas pontes passam durante o dia comerciantes, mascates, corretores da bolsa, negociantes, ou seja, todos os elementos improdutivos do judaísmo emigrado do

Leste europeu. Mas pelas mesmas pontes passam nas horas matutinas também os descendentes dos mesmos elementos improdutivos, os filhos e as filhas desses comerciantes que trabalham em fábricas, escritórios, bancos, redações e oficinas.

Os filhos e as filhas dos judeus do Leste são produtivos. Os pais podem pechinchar e mascatear, os jovens são os mais talentosos advogados, médicos, funcionários de bancos, jornalistas e atores.

Leopoldstadt é um distrito pobre com pequenos apartamentos em que moram famílias de seis pessoas, e albergues onde cinquenta a sessenta pessoas dormem no chão.

No Prater dormem os sem-teto. Os mais pobres de todos os trabalhadores moram perto das estações ferroviárias. Os judeus do Leste não vivem melhor do que os habitantes cristãos desse bairro.

Eles têm muitos filhos, não estão habituados à higiene e à limpeza e são odiados.

Ninguém os acolhe. Seus primos e correligionários que se encontram nas redações do primeiro distrito «já» são vienenses e não querem ter parentesco com judeus do Leste ou até mesmo ser confundidos com eles. O antissemitismo é o item mais importante do programa dos sociais-cristãos e dos nacionalistas alemães. Os sociais-democratas temem levar fama de «partido judeu». Os judeus nacionalistas não têm poder algum. Além disso, o partido nacional judaico é um partido burguês, mas a grande massa de judeus do Leste é proletária.

Os judeus do Leste dependem do apoio das organizações beneficentes burguesas. Há uma tendência a considerar a piedade judaica mais elevada do que ela merece. A caridade judaica é uma entidade tão imperfeita quanto qualquer outra. A caridade satisfaz em primeiro lugar os caridosos. Em um escritório judaico de beneficência, o judeu do Leste com frequência não é mais bem tratado por seus correligionários nem mesmo por seus conterrâneos que por cristãos. É terrivelmente difícil ser judeu do Leste; não existe sina mais pesada que a de um estrangeiro judeu do Leste em Viena.

II

Quando entra no segundo distrito, rostos familiares o cumprimentam. Cumprimentam-no? Ah, ele apenas os vê. Os que já chegaram aqui há dez anos não gostam nem um pouco dos que vieram depois. Chegou mais um, mais um que quer ganhar dinheiro, mais um que quer viver.

O pior: não se pode deixá-lo morrer. Não se trata de um estrangeiro. É um judeu e um conterrâneo.

Alguém o acolherá. Outro lhe adiantará um pequeno capital ou conseguirá um crédito para ele. Um terceiro lhe cederá uma parte de sua freguesia ou organizará uma para ele. O novato se tornará um *clienteltchik*.

O primeiro e mais difícil caminho o leva à delegacia.

Atrás do balcão está sentado um homem que, em geral, não suporta judeus e, particularmente, judeus do Leste.

Esse homem exigirá documentos. Documentos impossíveis. Nunca se exigem de imigrantes cristãos esses tipos de documento. Além disso, documentos cristãos estão em ordem. Todos os cristãos têm nomes europeus compreensíveis, os judeus têm nomes incompreensíveis e judeus. Como se não bastasse, eles têm dois ou três sobrenomes ligados por um *false* ou um *recte*. Nunca se sabe como se chamam. O casamento de seus pais foi celebrado apenas por um rabino. Esse casamento não tem validade perante a lei. Se o marido se chamasse Weinstock e a mulher Abramofsky, as crianças desse casamento se chamariam Weinstock *recte* Abramofsky ou ainda Abramofsky *false* Weinstock. O filho foi batizado com o prenome judeu Leib Nachman. Mas, como esse nome é difícil e poderia ser provocante, o filho se denomina Leo. Portanto, chama-se Leib Nachman, chamado Leo Abramofsky, *false* Weinstock.

Tais nomes oferecem dificuldades à polícia. A polícia não gosta de dificuldades. Se fossem só os nomes, mas as datas de nascimento também não batem. É comum que os papéis tenham queimado (em lugarejos da Galícia, Lituânia e Ucrânia sempre houve incêndios nos cartórios). Todos os papéis se perderam.

A cidadania não está esclarecida. Depois da guerra e da nova ordem criada pelo Tratado de Versalhes, ela se tornou ainda mais complexa. Como esse homem atravessou a fronteira? Sem passaporte? Ou até mesmo com um falso? Então não é assim que ele se chama e embora apresente tantos nomes, admissivelmente falsos, é provável que sejam objetivamente falsos. O homem nos papéis, no formulário do cadastro, não é idêntico ao homem que acabou de chegar. O que se pode fazer? Deve-se prendê-lo? Então não se prende o homem certo. Deve-se expulsá-lo? Então se expulsa o homem errado.

Mas quando é mandado de volta para que traga novos documentos, decentes, com nomes acima de qualquer suspeita, não é apenas o homem certo que é mandado de volta, mas eventualmente se transformou o homem errado no homem certo.

É mandado de volta, uma vez, duas vezes, três vezes, até que o judeu perceba que só lhe resta dar dados falsos para que pareçam corretos. Ficar com um nome que talvez não seja o seu, mas que seja um nome correto, insuspeito. A polícia deu ao judeu do

Leste a boa ideia de ocultar sua situação autêntica e verdadeira, mas confusa, por meio de outra inventada de forma organizada.

E todos se admiram com a capacidade dos judeus de darem informações falsas. Ninguém se admira com as exigências ingênuas da polícia.

III

Pode-se ser um mascate convencional ou um *clienteltchik*.

Um mascate convencional carrega sabão, suspensórios, artigos de borracha, botões de calças e lápis em uma cesta que prendeu nas costas. Com essa pequena loja ele vai a diversos cafés e restaurantes. Mas é recomendável pensar bem antes, se é uma boa ideia entrar nesse ou naquele restaurante.

Anos de experiência também fazem parte de um mascate razoavelmente bem-sucedido. O mais seguro é ir ao Piowati à noite, quando as pessoas abastadas comem salsichas *kosher* com raiz-forte. O proprietário já leva fama de ter um estabelecimento judeu por servir uma sopa a um pobre mascate. Isso é de qualquer modo um mérito. Quanto aos clientes, logo que saciados, entram em um estado de espírito muito caridoso. Em nenhuma outra pessoa a bondade está tão intimamente ligada à satisfação física como no comerciante judeu. Quando comeu e comeu bem, é até mesmo capaz de comprar suspensórios que vende em sua própria loja. Na maioria das vezes não comprará nada, mas dará uma esmola.

É claro que não se deve ir ao Piowati como o sexto mascate. Com o terceiro já cessa a bondade. Conheci um mascate judeu que entrava a cada três horas no Piowati. Os turnos de fregueses mudam a cada três horas. Se um cliente do turno anterior ainda estivesse sentado, o mascate evitava sua mesa. Ele sabia exatamente onde acabava o coração e começavam os nervos.

Em um estágio bem preciso de embriaguez, os cristãos também são bondosos. No domingo pode-se então entrar em pequenas tabernas ou cafés da periferia, sem precisar temer algo ruim. Sofre-se um pouco de deboche e insultos, mas é assim que se manifesta a bondade. Os mais engraçadinhos vão pegar a cesta, escondê-la, deixando o mascate um pouco desesperado. Ele não se intimida! São as inúmeras manifestações do coração de ouro dos vienenses. Ele acabará vendendo alguns cartões-postais.

Toda sua receita não basta para ele se alimentar. Não obstante, o mascate saberá sustentar mulher, filhas e filhos. Ele enviará os filhos à escola de ensino médio, se eles forem talentosos e Deus quer que eles sejam talentosos. O filho será algum dia um famoso advogado, mas o pai, que teve de mascatear por tanto tempo, continuará querendo mascatear. Às vezes, acontece de os bisnetos do mascate serem antissemitas social-cristãos. Isso já ocorreu com frequência.

IV

Qual a diferença entre um mascate e um *clienteltchik*? Aquele vende por dinheiro vivo e este a prestação. Aquele precisa dar uma pequena «rodada» e este uma grande. Aquele só viaja de trem suburbano e este viaja também nos grandes trens. Aquele nunca se tornará um comerciante, este talvez.

O *clienteltchik* aparece apenas em época de divisa forte. A grande inflação acabou com a triste existência dos *clienteltchiks*. Eles se tornaram cambistas.

Mesmo a situação do cambista não era boa. Se comprasse *lei* romenos, eles caíam na bolsa. Se os vendesse, começavam a subir. Quando a cotação do dólar estava alta em Berlim, como a do marco em Viena, o cambista viajava a Berlim para comprar marcos. Voltava para Viena para comprar dólares pelo marco em alta. Depois ia com os dólares a Berlim para comprar mais marcos. Mas nenhum trem é tão rápido quanto a queda do marco. Antes que chegasse a Viena o dinheiro já valia a metade.

O cambista teria de estar em contato telefônico com todas as bolsas do mundo para realmente ganhar dinheiro. Mas ele só tinha ligação com o câmbio negro de seu local de estada. Sobrestimou-se o caráter prejudicial do câmbio negro e também seu nível de informação. Mais negro que o câmbio negro era o câmbio oficial, branco como neve, resplandecente de pureza e protegido pela polícia. O câmbio negro era a concorrência suja de uma instituição suja. Os cambistas eram os concorrentes repreendidos pelos honoráveis bancos.

Muito poucos pequenos cambistas se tornaram realmente ricos.

A maioria é hoje novamente o que sempre foi: pobre *clienteltchik*.

V

Os fregueses dos *clienteltchiks* são pessoas que não têm dinheiro, mas uma renda. Estudantes, pequenos funcionários e trabalhadores. Toda semana o *clienteltchik* vai cobrar seus fregueses e vender novas mercadorias. Como as necessidades da plebe são grandes, ela compra proporcionalmente bastante. Como sua renda é muito baixa, paga proporcionalmente pouco. O *clienteltchik* não sabe com o que se alegrar, se com o aumento ou a queda das vendas. Quanto mais vender, mais tardará a receber seu dinheiro. Deve aumentar os preços? Assim, as pessoas vão à loja de departamentos mais próxima que existe agora em todas as cidadezinhas. O *clienteltchik* é mais barato para elas, porque ele paga o trem que de outro modo elas teriam de pagar. Com ele, a loja de departamentos vai ao freguês, é mais confortável.

Consequentemente, sua vida é desconfortável. Se quiser economizar o trem, terá de ir a pé carregando a pesada mercadoria. Então, anda devagar, sem conseguir chegar direito a todos os lugares. No domingo tem de cobrar todos os que estão lhe devendo. O salário foi pago no sábado, ou seja, segunda-feira não sobrará mais nada. Mas, se o *clienteltchik* anda de trem, então paga de qualquer jeito, e conseguirá chegar direito, mas muitas vezes o salário semanal já acabou no domingo.

Assim é o destino dos judeus.

VI

O que mais um judeu do Leste pode se tornar? Se for operário, nenhuma fábrica o contratará. Há muitos desempregados nativos. Mas, mesmo que não houvesse, não se emprega nem estrangeiros cristãos, que dirá judeus.

Há também judeus do Leste artesãos. Muitos judeus do Leste alfaiates vivem em Leopoldstadt e em Brigittenau. Os judeus são talentosos alfaiates, mas existe uma diferença entre ter um local, um «salão de moda», no primeiro distrito, na Herrengasse, ou uma oficina na cozinha de uma casa da Kleine Schiffgasse.

Quem vai à Kleine Schiffgasse? Quem não precisa ir lá prefere passar longe. A pequena Schiffgasse cheira a cebola e petróleo, a arenque e sabão, a água de enxágue e utensílios domésticos, a gasolina e panelas, a bolor e iguarias. Crianças sujas brincam na Kleine Schiffgasse. Batem-se os tapetes nas janelas abertas e se arejam as camas. Penugens flutuam no ar.

Em um beco desses vive o pequeno alfaiate judeu. Mas se fosse só o beco! Seu apartamento consiste em um quarto e uma cozinha. E, conforme leis enigmáticas pelas quais Deus rege os judeus, o pobre judeu do Leste tem seis ou mais filhos, mas raramente um auxiliar. A máquina de costura chocalha, o ferro de passar está sobre a tábua para macarrão. Ele tira as medidas sobre a cama de casal. Quem vai procurar um alfaiate desses?

O alfaiate judeu do Leste não suga a população nativa até o osso. Não rouba o cliente do alfaiate cristão. Ele sabe cortar, seu trabalho é caprichado. Talvez em vinte anos ainda venha a ter um verdadeiro salão de moda no primeiro distrito, na Herrengasse. Mas então terá sido por merecimento. Os judeus do Leste também não são mágicos. O que alcançam é à custa de trabalho árduo, suor e miséria.

VII

Quando um judeu do Leste tem muita sorte e dinheiro, pode sob algumas circunstâncias receber um «alvará» e abrir uma loja. Seus fregueses são as pessoas pobres do bairro. Por exemplo, o alfaiate descrito acima. Ele não paga em espécie, tem crediário. Esses são os «negócios» dos judeus do Leste.

Existem judeus do Leste intelectuais. Professores, escribas etc. Existem também os que recebem esmola. Mendigos envergonhados, mendigos da rua, músicos, jornaleiros e até mesmo engraxates.

E os ditos «vendedores de ar», vendedores de «mercadoria de ar». A mercadoria está ainda em algum lugar da Hungria, em uma estação de trem. Mas ela não está em estação alguma. Está sendo negociada no cais Francisco José.

Existem judeus do Leste vigaristas. Sim, vigaristas, mas existem também europeus ocidentais vigaristas.

VIII

As duas grandes ruas de Leopoldstadt são a Taborstrasse e a Praterstrasse. Esta é quase senhorial, conduz diretamente ao prazer. É habitada por judeus e cristãos, é lisa, ampla, clara, e tem muitos cafés.

Há muitos cafés também na Taborstrasse, cafés judeus. Seus donos são geralmente judeus, os clientes praticamente todos. Os judeus gostam de ir aos cafés para ler o jornal, jogar tarô, xadrez e fazer negócios.

Os judeus são bons jogadores de xadrez e têm também parceiros cristãos. Um cristão bom jogador de xadrez não tem como ser antissemita.

Nos cafés judeus há clientes de pé que no verdadeiro sentido da palavra formam a «clientela passante». São fregueses assíduos que não pedem comida nem bebida e passam dezoito vezes no local durante uma manhã, como exigem os negócios.

Provocam muito barulho, falam alto com voz penetrante e desenvolta. Como todos os clientes são cosmopolitas e têm boas maneiras, não os percebem, embora eles chamem muito a atenção.

Em um autêntico café judeu, uma pessoa pode estar morrendo, ninguém se importa.

IX

A guerra levou muitos refugiados judeus do Leste para Viena. Enquanto seu país estava ocupado, eles recebiam «apoios». Não recebiam o dinheiro em casa, tinham que ficar em filas de madrugada nos dia mais frios de inverno, todos: anciãos, doentes, mulheres e crianças.

Faziam contrabando, levavam farinha, carne e ovos da Hungria. Eram presos na Hungria por monopolizarem todos os alimentos. Eram presos na Áustria por introduzirem alimentos não racionados no país. Eles tornavam a vida dos vienenses mais fácil e eram presos.

Depois da guerra, foram em parte repatriados de forma violenta. Um governante social-democrata mandou deportá-los. Para os sociais-cristãos eles são judeus, para os nacionalistas são alemães semitas e para os sociais-democratas são elementos improdutivos.

Mas eles são um proletariado desempregado. Um mascate é um proletário.

Se ele não trabalha com as mãos, então consegue com os pés. Se não encontra trabalho melhor, não é sua culpa. Para que essas obviedades? Quem acredita na obviedade?

BERLIM

I

Nenhum judeu do Leste vai de livre e espontânea vontade para Berlim. Quem neste mundo vai de livre e espontânea vontade para Berlim?

Berlim é uma estação de passagem em que se permanece mais tempo por questões de força maior. Berlim não tem gueto, tem um bairro judeu. Para cá vêm os emigrantes que querem ir para os Estados Unidos via Hamburgo e Amsterdã. Com frequência acabam ficando enfiados aqui. O dinheiro não dá ou os papéis não estão em ordem.

(Claro, os papéis! A metade de uma vida judia se passa numa luta inútil com os «papéis».)

Os judeus do Leste que vêm para Berlim têm geralmente um visto de trânsito que lhes permite ficar de dois a três dias na Alemanha. Alguns que tinham apenas o visto de trânsito ficaram de dois a três anos em Berlim.

A maioria dos judeus do Leste instalados em Berlim há muito tempo veio antes da guerra. Os parentes chegaram depois. Refugiados das regiões ocupadas vieram para Berlim. Judeus que serviram ao exército da ocupação alemã na Rússia, na Ucrânia, na Polônia e na Lituânia tiveram de seguir com o exército alemão para a Alemanha.

Em Berlim, existem também judeus do Leste criminosos. Batedores de carteira, caçadores de dote, estelionatários, falsificadores de dinheiro, especuladores financeiros. Quase nenhum assaltante. Nenhum assassino. Nenhum ladrão assassino.

Da luta pelos papéis, com os papéis, um judeu do Leste apenas se liberta ao travar a luta contra a sociedade por meio de expedientes criminosos. O judeu do Leste criminoso normalmente já era criminoso em seu lugar de origem. Ele chega à Alemanha sem papéis ou com papéis falsos. Não registra seu domicílio na polícia.

Somente o judeu do Leste honesto – ele não é apenas honesto, mas também temente – registra seu domicílio na polícia, o que na Prússia é muito mais difícil que na Áustria. A polícia civil de Berlim tem a característica de fazer fiscalizações nas casas. Verifica os papéis também na rua. Durante a inflação isso ocorria com frequência.

O comércio de roupas usadas não é proibido, mas também não é tolerado. Quem não possui um alvará não pode comprar minha calça velha e tampouco pode vendê-la.

Apesar disso, ele a compra e a vende também. Fica na Joachimsthalerstrasse ou na esquina da Joachimsthalerstrasse com a Kurfürstendamm e faz como se não estivesse fazendo nada. Ele precisa ver, em primeiro lugar, se os passantes têm roupas usadas para vender e, em segundo lugar, se precisam de dinheiro.

As roupas compradas são revendidas no dia seguinte no bazar.

Entre os mascates também existem distinções hierárquicas. Existem mascates ricos, poderosos, os quais os menores admiram humildemente. Quanto mais rico for um mascate, mais ele ganhará. Ele não vai para a rua. Não precisa. Nem sei se posso realmente chamá-lo de «mascate». Na verdade ele tem uma loja de roupas usadas e um alvará. E, se não é seu próprio alvará, é o de um cidadão berlinense estabelecido, que não tem a menor ideia de comércio de roupas, mas participa do negócio recebendo sua porcentagem.

No bazar reúnem-se de manhã os donos de lojas e os mascates. Estes levam as aquisições do dia anterior, todos os paletós e roupas usados. Na primavera estão em alta os ternos de verão e os esportivos, no outono, fraques, smokings e calças listradas. Quem aparece no outono com ternos de verão e de linho não entende do negócio.

As roupas que comprou dos passantes por um valor irrisório o mascate revende aos donos das lojas com um acréscimo irrisório. Estes mandam passar, «atualizar», endireitar as roupas. Depois as penduram diante da placa de sua loja e as deixam balançando ao vento.

Quem sabe vender bem roupas usadas logo poderá vender roupas novas, em vez de uma loja abrirá um magazine. Um dia será dono de uma loja de departamentos.

Em Berlim, um mascate também pode fazer carreira. Ele se assimilará mais rápido que seus colegas de

Viena. Berlim nivela as diferenças e asfixia as singularidades. Por isso, não existe nenhum grande gueto em Berlim.

Há apenas algumas ruazinhas de judeus perto da Warschauer Brücke e no bairro Scheunenviertel. A mais judia de todas as ruas de Berlim é a triste Hirtenstrasse.

II

Nenhuma rua do mundo é tão triste assim. A Hirtenstrasse não tem sequer a alegria sem esperança de uma sujeira vegetativa.

A Hirtenstrasse é uma rua berlinense amenizada, mas não alterada por seus habitantes judeus do Leste. Nenhum bonde passa por ela. Nenhum ônibus. Raramente um carro. Sempre caminhões, carroças, os plebeus entre os meios de transporte. Os pequenos restaurantes ficam enfiados entre os muros. Para entrar neles, sobe-se um degrau, degraus estreitos, sujos, gastos. Assemelham-se a um negativo de saltos de sapato gastos. Nos corredores abertos das casas há despejos, também despejos recolhidos, comprados. Despejo como objeto comercializável. Jornais velhos, meias rasgadas, solas de sapato isoladas, cadarços, tiras de avental. A Hirtenstrasse tem um tédio de periferia. Não tem o caráter de rua de cidadezinha. É nova, fuleira, já desgastada, mercadoria de qualidade inferior. Um beco que sai de uma loja de departamentos. Uma loja de departamentos barata. Possui algumas vitrines pelas quais não se vê a loja. Nelas ficam pãezinhos judeus, croissants de semente de papoula, pãezinhos tipo francês e pães integrais. Um pequeno azeiteiro, papel pega-mosca, coisas pegajosas.

Além disso, há ali escolas talmúdicas e casas de oração judaicas. Podem-se ver letras em hebraico. Elas ficam estranhas nesses muros. Pode-se ver o dorso dos livros atrás das janelas meio tapadas.

Podem-se ver judeus com o *talit* debaixo do braço. Eles vão da casa de oração aos negócios. Podem-se ver crianças doentes, mulheres velhas.

Há sempre uma forte tentativa de transformar em gueto essa tediosa rua berlinense, que se mantém tão limpa quanto possível. Berlim é sempre mais forte.

Os habitantes lutam em vão. Eles querem se espalhar? Berlim os comprime.

III

Entro em uma das tabernas. Na sala dos fundos, alguns fregueses sentados esperam pelo almoço, de chapéu na cabeça. A dona está de pé entre a cozinha e a sala do restaurante, e atrás do balcão o marido, os fios da barba são vermelhos. Ele é receoso.

E como poderia não ser receoso? A polícia não aparece neste estabelecimento? Já não esteve algumas vezes aqui? Em todo caso, o dono me estende a mão. Em todo caso, diz: – Oh, temos freguês! Faz muito tempo que o senhor não aparece?

Um afetuoso cumprimento nunca é demais.

Bebe-se a bebida nacional dos judeus: hidromel. Esse é o álcool com o qual podem se embriagar. Eles adoram o hidromel pesado, marrom-escuro, doce, amargo e forte.

IV

Às vezes o «Templo de Salomão» vem para Berlim. Esse templo foi construído fielmente pelo senhor Frohmann de Drogobych, de acordo com os dados exatos da Bíblia, com abeto, papel machê e pintura dourada. De forma alguma de madeira de cedro e ouro legítimo, como o do grande rei Salomão.

Frohmann afirma ter trabalhado sete anos para construir esse templinho em miniatura. Eu acredito. Reconstruir um templo exatamente de acordo com os dados bíblicos exige tanto tempo quanto amor.

Pode-se ver cada cortina, cada átrio, cada minúsculo dentículo da torre, cada objeto litúrgico. O templo está sobre uma mesa na sala do fundo da taberna. No ar, um cheiro de peixe recheado com cebola, à moda judaica. Muito poucos fregueses aparecem. Os velhos já conhecem o templo e os jovens querem ir para a Palestina, não para construir templos, mas sim estradas.

E Frohmann vai de gueto em gueto, de judeu em judeu, e lhes mostra sua obra de arte, Frohmann, o guardião da tradição e da única grande obra arquitetônica que os judeus algum dia criaram e, consequentemente, jamais esquecerão. Acredito que Frohmann é a expressão dessa nostalgia, a nostalgia de todo um povo. Vi um judeu velho diante do templo em miniatura. Assemelhava-se a seus irmãos que se postam, choram e rezam diante do único muro sagrado que sobrou do templo destruído de Jerusalém.

V

Encontrei o cabaré por acaso quando em uma noite clara eu perambulava pelas ruas escuras, olhando pelas vidraças das janelas as pequenas casas de oração que não eram senão simples lojas durante o dia e à noite casas do Senhor. Tão próximos estão para judeus do Leste o ganha-pão e o céu; para seu culto religioso não precisam de mais de dez adultos, ou seja, correligionários com idade acima de treze anos, de um recitador de orações e o conhecimento da situação geográfica para saber onde fica o Leste, o *Mizrah*, a região da Terra Santa, o Oriente, de onde vem a luz.

Nesse lugar tudo é improvisado: o templo quando as pessoas se reúnem, o comércio por ficar parado no meio da rua. É ainda o êxodo do Egito que perdura há milênios. É preciso estar sempre pronto para partir, levar tudo consigo, um pão e uma cebola no bolso, no outro o *tefilin*. Sabe lá se no momento seguinte não será preciso migrar novamente. O teatro também surge de repente.

O que vi estava instalado no pátio de um restaurante sujo e velho. Era um pátio interno, quadrado, com passagens e corredores com janelas revelando várias intimidades domésticas, camas, camisas e baldes. Uma velha tília perdida no meio representava a natureza. Através de algumas janelas iluminadas se via o interior de uma ritual cozinha de restaurante. O vapor subia das panelas fervendo, uma mulher gorda agitava uma colher, seus braços gordos estavam seminus. Diretamente em frente à janela havia um tablado tapando-a pela metade, do qual se podia entrar diretamente no corredor do restaurante. Diante do tablado havia música, uma capela de seis homens dos quais se dizia serem irmãos e filhos do grande músico Mendel de Berdychiv, de quem os judeus do Leste mais velhos ainda podiam se lembrar e cuja forma de tocar violino era tão sublime que não se podia esquecer na Lituânia nem na Volínia nem na Galícia.

O grupo de teatro, que em breve se apresentaria, se chamava Grupo Surokin. Surokin era o nome do diretor, diretor cênico e bilheteiro, um senhor gordo de cabeça raspada proveniente de Kaunas, que já havia cantado nos Estados Unidos, recitador de orações e tenor, herói de ópera e de sinagoga, paparicado, orgulhoso e desdenhoso, empresário e camarada ao mesmo tempo. O público sentado às pequenas mesas comia pão com salsicha e bebia cerveja, ia buscar comida e bebida no restaurante, conversava, gritava, ria. Compunha-se de pequenos comerciantes e suas famílias, já não eram ortodoxos, mas «esclarecidos», como são chamados os judeus no Leste que fazem a barba (ainda que seja apenas uma vez por semana) e se vestem à moda europeia. Esses judeus seguem os costumes religiosos mais por respeito do que por necessidade religiosa: pensam em Deus somente quando dele precisam e sua sorte é precisarem dele com frequência. Entre eles existem cínicos e supersticiosos, mas todos se tornam sentimentais em algumas situações e comoventes em sua comoção. Em questão de negócios, não têm consideração uns com os outros e com estranhos, mas basta que se toque uma corda oculta para torná-los dispostos ao sacrifício, bondosos e humanos. Sim, eles podem chorar, especialmente em um teatro ao ar livre, como era esse.

O grupo compunha-se de duas mulheres e três homens, e fico estagnado ao tentar retratar como e o que representaram no tablado. O programa todo era improvisado. Primeiro, apareceu um homem magro e baixo, o nariz era como um estranho no rosto, muito espantado; era um nariz impertinente, insistentemente inquisitivo, entretanto, comovente, ridículo, mais eslavo do que judeu, narinas largas terminando de forma inesperada, pontiaguda. O homem com esse nariz representava um *batlen*, um cômico bufão e sábio, cantava antigas canções debochando delas ao acrescentar gracejos surpreendentes, cômicos e absurdos. Depois, as duas mulheres cantavam uma velha canção, um ator contava uma história humorística de

Scholem Aleichem e, para terminar, o senhor diretor Surokin recitava poemas modernos em hebraico e em iídiche de autores judeus vivos e recém-falecidos; ele pronunciava os versos em hebraico e em seguida sua tradução judia, às vezes começava a cantar baixinho duas ou três estrofes como se cantasse para si mesmo em seu quarto, ficava um silêncio de morte, os pequenos comerciantes arregalavam os olhos, apoiavam o queixo na mão cerrada e ouvia-se o murmúrio da tília.

Não sei se todos vocês conhecem as melodias judaicas do Leste; quero tentar lhes dar uma noção dessa música. Acho que a maneira mais clara de caracterizá-la é definindo-a como uma mistura de Rússia e Jerusalém, de canção popular e salmos. Essa música contém *páthos* sinagogal e ingenuidade popular. Quando apenas lida, a letra parece requerer uma música alegre, ligeira; mas ouvindo-a cantada é uma canção de dor «que sorri em meio às lágrimas». Ouvindo-a uma única vez, ela repercute na cabeça durante semanas. A contradição era aparente, na realidade essa letra não pode ser cantada em nenhuma outra melodia. Ela diz:

Ynter die griene Beimelach
sizzen die Mojschelach, Schlojmelach,
Eugen wie gliehende Keulalach

Debaixo das arvorezinhas verdes

Sentados estão os pequenos, Moisés e Salomão

Olhos incandescentes

(Olhos incandescentes)

Eles estão sentados! Não ficam saracoteando sob as árvores verdes. Se ficassem, o ritmo dessas linhas seria tão ligeiro como parece ser à primeira vista. Mas eles não ficam saracoteando, os pobres meninos judeus.

Ouvi a antiga canção que canta Jerusalém, a cidade tão melancólica que sua dor se espalha por toda a Europa indo longe, adentrando o Leste, passando por Espanha, Alemanha, França, Holanda, ao longo de todo o caminho amargo dos judeus. Jerusalém canta:

Kim, kirn, Jisruleki I aheim (nach Hause) in dein teures Land...

«Venha, venha para casa, pequeno hierosolimita, para seu caro país...»

Todos os comerciantes entendiam essa canção. As pessoas pobres não beberam mais cerveja e não comeram mais salsichas. Assim foram preparadas para a poesia bela, grave, inclusive difícil e às vezes abstrata do grande poeta hebraico Bialik, cujos poemas estão traduzidos em quase todas as línguas civilizadas e do qual teria partido um renascimento da língua hebraica escrita, tornando-a finalmente uma língua viva. Esse poeta tem a fúria dos velhos profetas e a voz doce de uma criança vibrando de alegria.

PARIS

I

Os judeus do Leste não acharam facilmente o caminho para Paris. Era muito mais fácil ir para Bruxelas e Amsterdã. O caminho do comércio de joias judeu leva diretamente a Amsterdã. Alguns judeus empobrecidos e alguns que estão enriquecendo ficam por necessidade na região francófona.

O pequeno judeu do Leste tem medo exagerado de uma língua *completamente* estrangeira. O alemão é quase sua língua materna. Ele prefere migrar para a Alemanha a ir para a França. O judeu do Leste aprende línguas estrangeiras com facilidade, mas sua pronúncia jamais será impecável. Ele é sempre reconhecido. É seu instinto saudável que o adverte dos países latinos.

Mas mesmo os instintos saudáveis se enganam. Os judeus do Leste, que vivem em Paris, levam uma vida de rei. Ninguém aqui os impede de fazer negócios ou até mesmo de abrir guetos. Existem alguns bairros judeus em Paris, perto de Montmartre e da Bastilha. São os bairros mais antigos de Paris, os prédios parisienses mais antigos com os aluguéis mais baratos. Desde que não sejam muito ricos, os judeus não gostam de gastar dinheiro com conforto «inútil».

A questão da aparência já é motivo de levar uma

vida mais fácil em Paris. Sua fisionomia não os entrega, sua vivacidade não chama a atenção. Seu humor encontra o humor francês a meio caminho. Paris é uma cidade verdadeiramente cosmopolita. Viena foi um dia. Berlim ainda será. A cidade verdadeiramente cosmopolita é objetiva, tem preconceitos como as outras, mas não tem tempo de colocá-los em prática. No Prater vienense não existem praticamente manifestações antissemitas, embora nem todos seus visitantes sejam chegados aos judeus e embora, ao lado deles e entre eles, passe o mais oriental dos judeus do Leste. Por quê? Porque no Prater nos alegramos. O antissemita começa a ser antissemita na Taborstrasse, que conduz ao Prater. Na Taborstrasse não nos alegramos mais.

Em Berlim não se é alegre. Mas em Paris predomina a alegria. Em Paris, o antissemitismo grosseiro se restringe aos franceses sem alegria. São os monarquistas, o grupo da *Action Française*. Não me admira que na França eles sejam impotentes e sempre serão. Eles são muito pouco franceses, patéticos demais e muito pouco irônicos.

Paris é objetiva, embora a objetividade seja talvez uma virtude alemã. Paris é democrática. O alemão é humano. Mas em Paris a humanidade prática tem uma grande e forte tradição. É em Paris que os judeus do Leste começam a se tornar europeus ocidentais. Tornam-se franceses, tornam-se até mesmo patriotas.

II

A amarga luta dos judeus do Leste pela sobrevivência, a luta «com os papéis», é amenizada em Paris. A polícia é de uma negligência humana. Ela é mais acessível para a individualidade e pessoalidade. A polícia alemã tem categorias, a parisiense se deixa convencer facilmente. Em Paris é possível ter o próprio domicílio sem ser mandado quatro vezes de volta.

Os judeus do Leste de Paris podem viver como querem. Podem mandar os filhos para escolas estritamente judaicas ou para escolas francesas. As crianças filhas de judeus do Leste que nascem em Paris podem se tornar cidadãs francesas. A França precisa de gente. Sim, é até mesmo sua tarefa ser pouco habitada e sempre precisar de gente, tornar os estrangeiros franceses. É sua força e sua fraqueza.

Decerto existe também nos antimonarquistas um antissemitismo francês, mas que não é cem por cento. Acostumados a um antissemitismo muito mais forte, mais rude, mais bruto, os judeus do Leste se dão por satisfeitos com os franceses.

Podem se dar por satisfeitos, pois têm liberdade religiosa, cultural, nacional. Podem falar iídiche, tanto e tão alto quanto quiserem. Podem inclusive falar mal francês sem ser suspeitos. O efeito dessa boa vontade é que eles aprendem francês e que seus filhos não falam mais iídiche. Eles ainda entendem um pouco. Eu me diverti ao ouvir os pais falarem iídiche e os filhos francês nas ruas do bairro judeu de Paris. As perguntas feitas em iídiche são seguidas de respostas em francês. Essas crianças são talentosas, na França ainda vão se fazer na vida, se Deus quiser, e ao que parece Deus quer.

As tabernas judaicas de Berlim, na Hirtenstrasse, são tristes, frias e silenciosas. Os restaurantes judeus de Paris são divertidos, calorosos e ruidosos. Todos eles fazem bons negócios. Às vezes eu comia no senhor Weingrod. Ele serve um ótimo ganso assado, fabrica uma aguardente boa e forte e diverte os clientes. Diz à mulher: «Me passa o livro de contas, *s'il vous plaît*», e ela: «Pega lá no bufê, *si vous voulez*!». Eles falam uma verdadeira e divertida algaravia.

Perguntei ao senhor Weingrod: Como o senhor veio para Paris? Weingrod*: Excusez, monsieur, pourquoi* não para Paris? Da Rússia me expulsam, na Polônia me prendem, para a Alemanha não me dão visto. *Pourquoi* não para Paris?

O senhor Weingrod é um homem corajoso, perdeu uma perna, tem uma prótese e está sempre de bom humor. Lutou voluntariamente na guerra para o Exército francês. Muitos judeus do Leste serviram no Exército francês voluntariamente e por gratidão. Mas Weingrod não perdeu a perna na guerra. Voltou são e salvo, com todos seus ossos ilesos. Aí se vê como o destino prega peças quando quer. Weingrod sai do estabelecimento, quer atravessar a rua. Nunca passa carro por esse beco, talvez, uma vez por semana. Exatamente nesse momento quando Weingrod está atravessando a rua, um carro passa e o atropela. Assim perdeu a perna.

III

Visitei um teatro iídiche em Paris. No bengaleiro deixavam carrinhos de bebê, os guarda-chuvas eram levados para a sala. Na plateia, mulheres sentadas com seus bebês. As fileiras de assentos não eram fixas, podiam-se retirar as poltronas. Pelas paredes laterais transitavam espectadores. Um deixava seu lugar, outro se sentava. Comiam laranjas que espirravam e cheiravam. Falavam alto, cantavam juntos com os atores em cena e os aplaudiam. As jovens mulheres judias só falavam francês. Tinham uma elegância parisiense. Eram bonitas. Pareciam mulheres de Marselha. Elas têm talento parisiense, são coquetes e frias. São leves e objetivas, fiéis como as parisienses. A assimilação de um povo começa sempre pelas mulheres. Apresentaram uma farsa em três atos. No primeiro ato, uma família judia de uma pequena aldeia russa quer emigrar. No segundo, recebe os passaportes. No terceiro, a família enriqueceu nos Estados Unidos, ficou esnobe e quer esquecer sua velha pátria e os velhos amigos conterrâneos que chegam aos Estados Unidos. Essa peça oferece boa oportunidade para cantar canções populares americanas de sucesso e antigas canções russas e iídiches. Quando vieram as canções e as danças russas, os atores e espectadores choraram. Se somente aqueles tivessem chorado, teria sido piegas. Mas quando estes choraram foi doloroso. Judeus se comovem facilmente, disso eu sabia. Mas não sabia que a saudade de casa pudesse comovê-los.

Era uma relação tão íntima, quase privada, do palco com a plateia. Para esse povo, ser ator é algo bom. O diretor apareceu e anunciou as mudanças de programa seguintes. Não pelo jornal, não por meio de cartazes. Oralmente. De ser humano para ser humano. Falou: «Quarta-feira vocês verão o senhor X dos Estados Unidos». Ele falava como um líder a seus seguidores. Ele falava diretamente e de modo engraçado. Entendiam sua piada, quase previam, adivinhavam o desfecho.

IV

Conversei na França com um artista de circo de Radyvyliv, o velho vilarejo na fronteira da Áustria com a Rússia. Era um palhaço músico e ganhava bastante. Era palhaço por convicção, e não de nascença. Vinha de uma família de músicos. Seu bisavô, seu avô, seu pai e seus irmãos eram músicos de casamentos judeus. Ele foi o único que pôde deixar sua terra natal e estudar música no Ocidente. Um judeu rico o sustentou. Ele foi para um conservatório de música em Viena. Compunha, dava concertos.

«Mas», disse, «por que um judeu haveria de fazer música séria para o mundo? Serei sempre um palhaço neste mundo, mesmo que façam palestras sérias sobre mim, e senhores da imprensa e de óculos se sentem nas primeiras fileiras. Devo tocar Beethoven? Devo tocar Kol Nidrei? Uma noite quando eu estava no palco, comecei a me sacudir de rir. O que apresentava ao mundo, eu, um músico de Radyvyliv? Devo voltar para Radyvyliv e tocar em casamentos judeus? Não serei lá mais ridículo ainda?

«Naquela noite compreendi que só me restava ir para o circo, não para ser cavaleiro ou equilibrista! Isso não é para judeus. Sou um palhaço. E, desde minha primeira apresentação no circo, ficou muito claro que não negara nada a tradição de meus antepassados e que me tornei o que eles deveriam ter se tornado. Eles até assustariam se me vissem. Toco acordeom, gaita de boca e saxofone, e fico contente por as pessoas ignorarem que sei tocar Beethoven.

«Sou um judeu de Radyvyliv.

«Gosto da França. Para todos os artistas de circo, talvez o mundo seja igual em todo lugar, mas para mim não. Em toda cidade grande procuro judeus de Radyvyliv. Em toda cidade grande encontro dois ou três. Conversamos. Em Paris também vivem alguns. Se não são de Radyvyliv, são de Dubno. E, se não são de Dubno, então são de Chisinau. E em Paris eles vão bem. Eles vão bem. Mas todos os judeus podem estar no circo? Se não estão no circo, precisam ser bons com todas as pessoas estranhas e indiferentes e não podem se indispor com ninguém. Preciso apenas estar inscrito na Liga dos Artistas de Circo. É uma grande vantagem. Em Paris, os judeus vivem livremente. Sou patriota, tenho um coração judeu.»

V

Todos os anos chegam alguns judeus do Leste ao grande porto de Marselha. Querem embarcar ou acabam de desembarcar. Queriam ir para algum lugar. O dinheiro acabou. Tiveram que desembarcar. Carregam toda a bagagem para o correio, passam um telegrama e esperam pela resposta. Mas telegramas não são respondidos rapidamente e menos ainda esses que pedem dinheiro. Famílias inteiras dormem ao ar livre.

Raros ficam em Marselha. Tornam-se intérpretes. Ser intérprete é uma profissão judia. Não se trata de traduzir do inglês para o francês, do russo para o francês, do alemão para o francês. Trata-se de traduzir o estrangeiro, mesmo que ele não tenha dito nada. Ele não precisa abrir a boca. Intérpretes cristãos talvez traduzam, judeus adivinham.

Ganham dinheiro. Levam os estrangeiros a bons restaurantes, mas também a vilarejos. Os intérpretes participam dos negócios. Ganham dinheiro. Vão ao porto, embarcam e partem para a América do Sul. Os judeus do Leste têm dificuldade em ir para os Estados Unidos. O contingente permitido com frequência já foi ultrapassado e há muito tempo.

VI

Alguns estudantes judeus do Leste foram para a Itália. O governo italiano tem que fazer algumas reparações e concede bolsas a estudantes judeus.

Muitos judeus do Leste partiram para os Estados eslavos que surgiram após a queda da monarquia.

Em princípio, os judeus do Leste são deportados da Hungria. Nenhum judeu húngaro se encarregará deles. Apesar de Horthy, a maioria dos judeus húngaros é partidária do nacionalismo magiar. Existem rabinos nacionalistas.

VII

Para onde então podem ir os judeus do Leste?

Para a Espanha não vão. Os rabinos lançaram um anátema sobre a Espanha, desde que os judeus tiveram de deixar esse país. Mesmo os não religiosos, «os esclarecidos», resguardam-se de ir para a Espanha. O anátema expira somente este ano.

Ouvi alguns judeus do Leste dizerem que queriam ir para a Espanha. Eles vão fazer bem em sair das universidades polonesas, nas quais predomina o *numerus clausus*; na Universidade de Viena, além dessa restrição para admissão de estudantes, predomina também a estreiteza de espírito; e, nas universidades alemãs, a caneca de cerveja.

VIII

Ainda vão durar alguns anos. E então os judeus do Leste irão para a Espanha. Velhas lendas que se contam no Leste estão ligadas à longa estada dos judeus na Espanha. É às vezes como uma saudade silenciosa, uma recalcada nostalgia desse país que tanto lembra a antiga pátria, a Palestina.

Com certeza, não dá para imaginar contraste maior do que entre os judeus do Leste e os sefarditas. Os sefarditas menosprezam os «asquenazes» em geral, e especialmente os judeus do Leste. Os sefarditas são orgulhosos de sua raça antiga e nobre. Raramente há casamentos mistos entre sefarditas e asquenazes, entre sefarditas e judeus do Leste quase nunca.

IX

Segundo uma antiga lenda, dois judeus do Leste saíram um dia pelo mundo a fim de arrecadar dinheiro para a construção de uma sinagoga. Atravessaram a Alemanha a pé, foram até o Reno, à França e dirigiram-se à antiga comunidade judaica da França, Montpellier. Dali seguiram rumo ao leste, sem mapa, sem conhecer os caminhos, e se perderam. Em uma noite escura chegaram à perigosa Espanha, onde seriam mortos, se não tivessem sido acolhidos por monges piedosos. Os monges convidaram os andarilhos judeus para uma disputa teológica, ficaram muito satisfeitos com sua erudição, ajudaram-nos a atravessar de volta a fronteira em segurança e deram-lhes uma pepita de ouro para a construção da sinagoga. Na despedida, os judeus tiveram de jurar que o ouro seria realmente utilizado para a construção da sinagoga.

Os judeus juraram. Mas os costumes proíbem (mesmo que a Lei não o faça) que se utilize para o santuário o ouro de um mosteiro, mesmo que tenha sido adquirido de forma amigável. Refletiram bastante tempo e tiveram finalmente a ideia de fazer da pepita de ouro uma esfera e colocá-la sobre o telhado da sinagoga como uma espécie de emblema.

Essa esfera de ouro ainda brilha sobre o telhado da sinagoga. E é a única que ainda une os judeus do Leste com sua antiga pátria espanhola.

Essa história me contou um velho judeu. Sua profissão era de escriba da Torá, um *soferim*, um homem religioso, sábio e pobre. Era um adversário dos sionistas.

Agora, dizia, o *cherém* (anátema) sobre a Espanha vai expirar. Não tenho nada contra que meus netos vão para a Espanha. Lá nem sempre a situação dos judeus foi ruim. Havia pessoas devotas na Espanha, e, onde existem cristãos devotos, os judeus também podem viver. Pois o temor a Deus é sempre mais seguro que a dita moderna humanidade.

Não sabia o velho que humanidade não é mais algo moderno. Ele era um pobre escriba da Torá.

UM JUDEU VAI PARA OS ESTADOS UNIDOS

I

Embora o número permitido de imigrantes do Leste já havia sido ultrapassado algumas vezes, e embora os consulados americanos exigissem tantos papéis como nenhum outro no mundo, muitos judeus do Leste continuavam a emigrar para os Estados Unidos.

Os Estados Unidos são a distância. Os Estados Unidos significam liberdade. Nos Estados Unidos sempre vive algum parente.

É difícil encontrar alguma família no Leste que não tenha algum primo, algum tio nos Estados Unidos. Alguém emigrou há vinte anos, fugiu do exército ou desertou após ter sido convocado.

Se os judeus do Leste não tivessem tanto medo, poderiam se vangloriar com razão de ser o povo mais antimilitarista do mundo. Durante muito tempo foram considerados por suas pátrias, Rússia e Áustria, não dignos de prestar o serviço militar. Tiveram de se incorporar somente com o advento da igualdade de direitos civis dos judeus. No fundo era uma igualdade de obrigações e não uma igualdade de direitos. Pois, se até então haviam sido tiranizados pelas autoridades civis, agora estavam também entregues à tirania das autoridades militares. Os judeus suportavam com grande satisfação o insulto de não poder prestar o serviço militar. Quando lhes anunciaram a grande honra de poder lutar, servir e morrer pela pátria, alastrou-se a tristeza entre eles. Quem beirava os vinte anos de idade, era saudável e achava que poderia ser convocado fugia para os Estados Unidos. Quem não tinha dinheiro se mutilava. A automutilação grassou entre os judeus do Leste algumas décadas antes da guerra. Tinham um medo tão grande da vida de soldado que decepavam um dedo, cortavam os tendões dos pés e jogavam veneno nos olhos. Tornaram-se heroicos aleijados, cegos, paralíticos, deformados. Submetiam-se ao mais árduo, mais horrendo sofrimento. Não queriam servir. Não queriam ir para a guerra e morrer. Sua razão estava sempre alerta e calculava. Sua razão lúcida estimava que era mais útil viver como paralítico do que morrer com saúde. Sua religiosidade apoiava a reflexão. Não era só burrice morrer por um imperador, um tsar, era também pecado viver afastado da Torá e contrário a suas leis. Um pecado comer carne de porco, carregar armas durante o sabá, servir ao exército, levantar a mão, sem falar da espada, contra uma pessoa inocente, estranha. Os judeus do Leste eram os mais heroicos pacifistas. Sofriam pelo pacifismo. Tornavam-se aleijados voluntariamente. Ninguém ainda compôs a canção heroica desses judeus.

«A comissão está vindo!» Era um chamado que espalhava terror. Tratava-se da comissão para o exame médico do alistamento militar que viajava por todas as pequenas cidades a fim de recrutar soldados. Semanas antes começava o «martírio». Os jovens judeus se martirizavam para ficar fracos, adquirir um problema cardíaco. Não dormiam, fumavam, peregrinavam, corriam, tornavam-se libertinos com propósitos religiosos.

Em todo caso, subornavam-se os médicos militares. Os mediadores eram altos funcionários e ex-médicos militares que, devido a negócios obscuros, tiveram de quitar o serviço. Uma multidão de médicos militares enriqueceu, deixou o exército e abriu um consultório particular que, em parte, consistia em mediar subornos.

Quem tinha dinheiro pensava se devia tentar ir para os Estados Unidos mediante suborno ou fuga. Os mais corajosos iam para os Estados Unidos. Nunca mais podiam voltar. Abriam mão. Com o coração apertado abriam mão da família, e, da pátria, com o coração leve.

Partiam para os Estados Unidos.

II

Esses são os legendários primos dos judeus do Leste. Do outro lado do Atlântico, os antigos desertores são hoje comerciantes ricos ou, ao menos, bem de vida. O velho Deus judeu estava com eles, recompensou seu antimilitarismo.

O primo nos Estados Unidos é a última esperança de toda família judia do Leste. Faz tempo que ele não escreve. Sabe-se apenas que se casou e teve filhos. Uma velha foto amarelada está pendurada na parede. Ela chegou há vinte anos. Junto havia dez dólares. Há muito tempo não se ouviu mais falar dele. No entanto, a família em Dubno não duvida que vá encontrá-lo em Nova York ou Chicago. Com certeza não tem mais um nome judeu como era chamado em casa. Ele fala inglês, é cidadão americano, seus ternos são confortáveis, as calças são largas, os paletós de ombros largos. Mesmo assim ele será reconhecido. Talvez a visita lhe seja agradável. Decerto não colocará seus parentes na rua.

Enquanto se pensa tanto nele, um belo dia aparece o carteiro com uma espessa carta registrada. Essa carta contém dólares, perguntas, desejos, saudações, e promete «em breve uma passagem de navio».

A partir desse instante «viaja-se para os Estados Unidos». Mudam as estações do ano, os meses se enfileiram uns aos outros, o ano transcorre, não se ouve nada sobre uma passagem de navio, «mas viaja-se para os Estados Unidos». A cidade toda sabe. As aldeias aos arredores e as pequenas cidades vizinhas sabem.

Vem um estranho e pergunta: – O que anda fazendo Jizchok Meier?

– Ele vai para os Estados Unidos – respondem as pessoas do local. Enquanto isso, Jizchok Meier continuará a se ocupar de seus negócios, como ontem, anteontem e amanhã, e aparentemente nada mudou em sua casa.

Na realidade muita coisa muda. Ele se adapta a essa nova circunstância. Ele se prepara interiormente para os Estados Unidos. Já sabe exatamente o que levará e o que guardará, o que deixará e o que venderá. Já sabe o que acontece com a quarta parte da casa que está em seu nome. Herdou a quarta parte de uma casa. As outras três pertenciam a três parentes. Estes morreram ou emigraram. As outras três partes pertencem agora a um estranho a quem se poderia ceder essa última parte. Contudo, ele não pagará muito, pois quem neste mundo compraria a quarta parte de uma casa? Se essa parte estiver «livre de hipoteca», serão feitos tantos empréstimos quanto possível. Isso se consegue depois de algum tempo. Tem-se dinheiro vivo ou letras de câmbio, que são como dinheiro vivo.

O judeu que quer ir para os Estados Unidos não aprende, por exemplo, inglês. Já sabe como vai se virar no país estrangeiro. Ele fala iídiche, a língua mais difundida geograficamente, não quantitativamente. Ele vai se fazer compreender. Não precisa entender inglês. Os judeus estabelecidos há trinta anos no bairro judeu de Nova York ainda falam iídiche e não conseguem mais entender os próprios netos.

Então, já sabe a língua do país estrangeiro. É sua língua materna. Dinheiro também tem. Só lhe falta coragem.

Ele não tem medo dos Estados Unidos, tem medo do oceano. Está habituado a errar por terras distantes, mas não pelos mares. Uma vez, quando seus ancestrais tiveram de atravessar um mar, aconteceu um milagre e as águas se separaram. Ao se separar de sua terra natal pelo oceano, dela o separa uma eternidade. O judeu do Leste tem medo de navio. Não confia no navio. Há séculos o judeu do Leste vive no interior. Não teme a estepe, a imensidão sem fronteiras da terra plana.

Teme a desorientação. Está habituado a virar-se três vezes ao dia rumo ao *Mizrah*, o Leste. Isso é mais do que um preceito religioso. É uma necessidade que se sente profundamente de saber onde se está, de conhecer sua posição. Da segura posição geográfica pode-se encontrar da melhor maneira possível seu caminho e reconhecer o melhor possível os caminhos de Deus. Sabe-se mais ou menos onde fica a Palestina.

Mas no mar não se sabe onde Deus mora. Não se pode saber onde se situa o *Mizrah*. Não se conhece sua posição no mundo. Não se é livre. Depende do curso que o navio tomou. Quem como o judeu do Leste traz no sangue a profunda consciência de que todo momento pode ser de fuga não se sente livre em um navio. Para onde se salvar se acontecer alguma coisa? Há milênios ele se salva. Há milênios acontece sempre algo ameaçador, há milênios ele sempre foge. O que pode acontecer? – Quem saberá? Não podem eclodir *pogroms* também no navio? Para onde então?

Se a morte surpreende um passageiro no navio, onde sepultar o morto? Atira-se o corpo ao mar. Mas o velho mito da chegada do Messias descreve exatamente a ressurreição dos mortos. Todos os judeus que se encontram enterrados em terra estrangeira terão de rolar sob a terra até chegar à Palestina. Felizes os que são enterrados na Palestina. Poupam a longa e árdua viagem. A volta incessante, longuíssima. Mas os mortos lançados ao mar também ressuscitarão? Há terra debaixo d'água? Que criaturas estranhas moram lá embaixo? O corpo de um judeu não pode ser dissecado. Completo e intacto o homem tem de voltar ao pó. Os tubarões não comem cadáveres que estão na água?

Além disso, a prometida passagem de navio ainda não chegou. Decerto virá. Mas ela só ainda não basta. É necessária a autorização de viagem. Sem papéis não se pode obtê-las. Onde estão os papéis?

E agora começa a última traumatizante luta com os papéis, pelos papéis. Se a luta é vitoriosa, então não é preciso mais nada. Lá do outro lado, nos Estados Unidos, qualquer um recebe um novo nome e novos papéis.

A desconsideração dos judeus por seus próprios nomes não admira. Com uma leveza que parece surpreendente, mudam seus nomes, os nomes dos pais cuja sonoridade, no entanto, tem algum valor afetivo para a sensibilidade europeia.

Para os judeus, o nome não tem nenhum valor, simplesmente, por não ser seu nome. Judeus, judeus do Leste não têm nome. Eles usam pseudônimos que lhes foram impostos. Seu verdadeiro nome é aquele pelo qual são chamados à Torá no sabá e em dias de festividades: seu prenome judeu e o prenome judeu de seu pai. Os sobrenomes como Goldenberg e Hescheles são nomes impostos. Os governos mandaram os judeus adotarem nomes. São seus próprios? Quando um se chama Nachman e modifica seu nome para um europeu Norbert, não é «Norbert» um disfarce, um pseudônimo? É mais do que camuflagem? O camaleão sente respeito pelas cores que ele tem que trocar continuamente? O judeu escreve nos Estados Unidos Greenboom, em vez de Grünbaum. Ele não fica de luto pelas vogais alteradas.

III

Infelizmente, ele ainda não foi tão longe a ponto de poder se chamar como quiser. Ainda está na Polônia, na Lituânia. Ainda precisa ter «papéis» que comprovem seu nascimento, sua existência, sua identidade.

E ele começa a percorrer os caminhos que, em pequena escala, são exatamente tão pouco claros, confusos, sem destino, trágicos e ridículos quanto foram outrora, em grande escala, os caminhos de seus pais. Ele não é mandado de Pôncio a Pilatos, é mandado da antessala de Pôncio ao portão fechado de Pilatos. Em geral, todas as portas do Estado estão fechadas. São abertas somente por meio dos secretários de chancelaria. Se existem pessoas que têm prazer em mandar os outros de volta, são os secretários de chancelaria.

Podem ser subornados? Como se subornar fosse fácil! Sabe lá se um suborno não renderá um belo processo e acabará em prisão. Sabe-se apenas que todos os funcionários são corrompíveis. Sim, toda pessoa é corrompível. A corruptibilidade é uma virtude da natureza humana, mas nunca se sabe quando e se uma pessoa admite sua corruptibilidade. Não se pode saber se o funcionário, que já aceitou dinheiro dez vezes, não dará queixa na décima primeira vez, simplesmente para provar que não aceitou nada nas dez vezes e para poder aceitar outras cem vezes.

Felizmente, em quase todo lugar existem pessoas que conhecem com precisão a alma dos funcionários e elas vivem disso. Esses conhecedores também são judeus. Mas como aparecem muito raramente e de maneira isolada em cada cidade, e por terem a competência de ir beber com os funcionários na língua do país, esses judeus já são quase funcionários, e são eles que é necessário primeiro subornar para depois poder realmente subornar.

Mas mesmo o suborno bem-sucedido não poupa humilhações e caminhos inúteis. Aguentam-se humilhações e se percorrem caminhos inúteis.

Então se têm os papéis.

IV

Quando tudo dá certo, os Estados Unidos fecham novamente as fronteiras, declaram que neste ano já há judeus do Leste o suficiente, e então se espera pelo ano seguinte.

Então, finalmente se viaja seis dias até Hamburgo, de quarta classe em um trem de passageiros. Esperam-se mais duas semanas pelo navio. Finalmente se embarca. E, enquanto todos os passageiros, já quase chorando, acenam com o lenço, o judeu emigrante está alegre pela primeira vez na vida. Ele tem medo, mas também confiança em Deus; viaja para um país que cumprimenta todos que chegam com uma gigantesca estátua da liberdade. De certa forma, a realidade deve corresponder a esse monumento gigantesco.

De certa forma, a realidade corresponde a esse símbolo. Não porque do outro lado se leve tão a sério a liberdade de todas as pessoas, mas porque do outro lado existem judeus ainda mais judeus, quais sejam os negros. Lá um judeu é um judeu, mas o que importa é ser branco. Pela primeira vez na vida sua raça lhe oferece uma vantagem.

O judeu do Leste viaja de terceira classe, ou seja, no porão do navio. A travessia é melhor do que ele imaginava, mas o desembarque é mais difícil.

O exame médico nos portos europeus já foi ruim o bastante. Agora vem um exame ainda mais rigoroso. E por um motivo qualquer os papéis não estão bem em ordem.

Trata-se de papéis corretos, conseguidos com grande esforço. No entanto, têm o aspecto de não estar em ordem.

Também é possível que no navio um parasita tenha passado pela camisa do judeu.

Tudo é possível.

E o judeu entra em uma espécie de detenção, chamada quarentena ou algo assim.

Uma cerca alta protege os Estados Unidos do judeu.

Através das grades de seu cárcere ele vê a estátua da liberdade e não sabe quem está preso, ele ou a estátua.

Ele pode pensar como será em Nova York. Mal consegue imaginar.

Mas assim será: morará entre prédios de dozes andares, entre chineses, húngaros e outros judeus, será novamente mascate, terá novamente medo da polícia e será novamente tiranizado.

Seus filhos talvez se tornem americanos. Talvez americanos famosos, americanos ricos, reis de um material qualquer.

Com isso sonha o judeu por trás das grades de sua quarentena.

A SITUAÇÃO DOS JUDEUS
NA RÚSSIA SOVIÉTICA

Também na antiga Rússia os judeus eram «minoria nacional», mas uma maltratada. Os judeus eram caracterizados como nação própria por meio de desprezo, opressão e *pogrom*. Não se pretendia assimilá-los mediante estupro. Pretendia-se segregá-los. Os meios empregados contra eles pareciam querer aniquilá-los.

Nos países ocidentais, o antissemitismo talvez fosse um mecanismo de defesa rudimentar. Na Idade Média cristã, um fanatismo religioso. Na Rússia, o antissemitismo era um meio de governar. O simples «mujique» não era antissemita. Para ele, o judeu não era um amigo, mas um estrangeiro. A Rússia, que tinha espaço para tantos estrangeiros, também tinha para o judeu. A pessoa meio instruída e o burguês eram antissemitas, porque a nobreza era. A nobreza era, porque a corte era. A corte era, porque o tsar, para o qual não convinha temer os ortodoxos «filhos da terra», simulava temer apenas os judeus. Por conseguinte, a eles eram atribuídas características que pareciam ser perigosas a todas as classes sociais: para o homem simples, o «homem do povo», eles eram «assassinos rituais»; para o pequeno proprietário, os destruidores da propriedade; para o alto funcionário, trapaceiros plebeus, para a nobreza, perigosos por serem escravos inteligentes; para o pequeno funcionário, enfim, o funcionário de todas as classes sociais, os judeus eram tudo: assassinos rituais, merceeiros, revolucionários e plebe.

O século XVIII levou à emancipação dos judeus nos países ocidentais. Na Rússia, o antissemitismo oficial, legítimo, começou na década de 80 do século XIX. De 1881 a 1882, Plehwe, posteriormente ministro, organizou os primeiros *pogroms* no sul da Rússia. Serviam para intimidar os jovens judeus revolucionários. Mas a plebe contratada que não queria se vingar dos atentados, mas sim pilhar, assaltava as casas dos judeus ricos e conservadores que não haviam sido visados de modo algum. Por isso, passou-se então para os assim chamados *«pogroms* silenciosos», criaram-se as famosas «áreas de colonização», expulsaram os artesãos judeus das grandes cidades, estabeleceram um contingente restrito para as escolas judaicas (três por cem) e sufocaram a *intelligentsia* judaica nas universidades. Mas, como na mesma época o milionário e construtor de ferrovias, Polyakov, era um amigo íntimo da corte tsarista e era necessária a autorização de residência de seus funcionários nas grandes cidades, milhares de judeus russos tornaram-se «funcionários» de Polyakov. Soluções desse gênero havia em grande quantidade. A esperteza dos judeus correspondia à corruptibilidade dos funcionários públicos. Por isso, nos primeiros anos do século XX, voltam os *pogroms* declarados e os pequenos e grandes libelos de sangue…

Atualmente, a Rússia soviética é o único país da Europa em que o antissemitismo é malvisto, ainda que não tenha deixado de existir. Os judeus são cidadãos completamente livres, mesmo que sua liberdade não signifique a solução para a questão judaica. Como indivíduos estão livres do ódio e da perseguição. Como povo todos eles têm os direitos de uma «minoria nacional». A história dos judeus não conhece nenhum exemplo de libertação tão repentina e tão completa.

De 2,75 milhões de judeus na Rússia, 300 mil são trabalhadores organizados e funcionários; 130 mil camponeses; 700 mil artesãos e profissionais liberais. O resto compõe-se de: a) capitalistas e «desclassificados», que são vistos como «elementos improdutivos»; b) pequenos comerciantes, mediadores, agentes, mascates, que são considerados improdutivos, mas elementos proletários. A colonização dos judeus é realizada com entusiasmo, em parte com dinheiro americano que antes da Revolução beneficiava quase exclusivamente a colonização palestina. Existem colónias judaicas na Ucrânia, em Odessa, em Kherson e na Crimeia. Desde a Revolução, 6 mil famílias judias foram colocadas no trabalho agrícola. No total, foram distribuídos 102 mil hectares aos camponeses judeus. Ao mesmo tempo, os judeus foram «industrializados», ou seja, procurou-se acomodar os «elementos improdutivos» como operários nas fábricas e formar os jovens como trabalhadores especializados em (cerca de trinta) escolas judaicas «técnico-profissionais».

Em todos os lugares com forte população judaica existem escolas em que as aulas são dadas em língua judaica; somente na Ucrânia, 350 mil pessoas frequentam escolas judaicas, na Bielorrússia são cerca de 90 mil. Na Ucrânia há 33 câmaras de tribunal com a língua processual judaica, presidentes judeus nos tribunais de segunda instância e associações judaicas de milícia e polícia. Três grandes periódicos são publicados em língua judaica, três semanários e cinco revistas mensais; há alguns teatros judaicos do Estado; as universidades e o Partido Comunista apresentam uma alta porcentagem de judeus nacionais. Há 600 mil jovens comunistas judeus.

A partir desses números e fatos pode-se ver como é abordada a solução da questão judaica na Rússia soviética: com uma fé inabalável na infalibilidade da teoria, com um idealismo um tanto despreocupado, indiferenciado, porém nobre e puro. O que prega a teoria? Autonomia nacional! Mas, para poder aplicar essa receita plenamente, é preciso fazer dos judeus uma «verdadeira» minoria nacional, como são, por exemplo, os georgianos, os alemães e os bielorrussos.

É preciso modificar a artificial estrutura social da massa judaica, fazer de um povo, que de todos do mundo é o que mais tem mendigos, «pensionistas» americanos, parasitas e desclassificados, um povo com a fisionomia normal de um país. Como esse povo deve viver em um Estado socialista, é preciso transformar seus elementos pequeno-burgueses, e transformar os «improdutivos» em camponeses e proletários. Afinal será necessário lhes destinar um território fechado.

É óbvio que uma tentativa tão arrojada não pode ter êxito em poucos anos. A generosidade atenua apenas provisoriamente a miséria dos judeus pobres. Mas ainda que muitos migrem para os territórios recém-disponibilizados, os velhos guetos continuam lotados. Acredito que o proletário judeu vive pior que qualquer outro. Devo minhas experiências mais tristes a minhas caminhadas por «Moldowanka», o bairro judeu de Odessa. Lá circula uma névoa pesada, como um destino, lá a noite é uma calamidade, a lua crescente, um escárnio. Os mendigos não são apenas a fachada habitual da rua, aqui são triplamente mendigos, pois aqui estão em casa. Cada construção tem cinco, seis, sete lojas minúsculas. Cada loja é um apartamento. De frente para a janela, que é ao mesmo tempo a porta, fica a oficina, atrás dela a cama, por cima das camas as crianças ficam penduradas em cestas, embaladas pela desventura de um lado para o outro. Homens grandes, abrutalhados voltam para casa: são os judeus estivadores do porto. No meio dos membros baixos, fracos, histéricos e pálidos de sua tribo, eles pareciam estrangeiros, uma raça selvagem, bárbara, perdida entre os velhos semitas. Todos esses artesãos trabalham até de madrugada. Uma luz fosca, amarela, chora em todas as janelas. São luzes estranhas que não espalham claridade, mas uma treva com um núcleo claro. Não são aparentadas com o abençoado fogo. São apenas almas da escuridão...

A revolução não faz a antiga, a mais importante pergunta, se os judeus constituem uma nação como outra qualquer; se não são menos ou mais do que isso; se são uma comunidade religiosa, uma comunidade tribal ou apenas uma unidade espiritual; se é possível considerar como «povo» independentemente de sua religião, um povo que durantes milênios só se manteve por meio de sua religião e da posição de exceção na Europa; se nesse caso especial é possível a separação entre Igreja e nacionalidade; se é possível transformar pessoas com interesses espirituais hereditários em camponeses; e transformar individualidades fortemente caracterizadas em indivíduos com psicologia de massa.

Vi camponeses judeus. Sem dúvida, eles não são mais o tipo característico de judeus de gueto, são pessoas do campo, mas se diferenciam claramente de outros camponeses. O camponês russo é primeiramente camponês para depois ser russo; o judeu é primeiro judeu para depois ser camponês. Eu sei que essa formulação imediatamente provoca em qualquer pessoa «orientada para a concretude» a sarcástica pergunta, «De onde é que você sabe isso?!». Eu vejo. Vejo que não se foi judeu por 4 mil anos em vão, nada mais do que judeu. Tem-se um velho destino, um sangue antigo e ao mesmo tempo experiente. Se é um ser espiritual. Pertence-se a um povo que há 2 mil anos nunca teve sequer um analfabeto, um povo com mais revistas do que jornais, um povo, provavelmente o único do mundo, cujas revistas têm uma tiragem mais alta que os jornais. Enquanto a seu redor outros camponeses mal começam com muito esforço a ler e escrever, no cérebro do judeu atrás do arado reviram os problemas da teoria da relatividade. Para camponeses com cérebros tão complexos ainda não foi inventado um arado. Um aparato rudimentar requer um cérebro rudimentar. O próprio trator, comparado ao entendimento dialético do judeu, é uma simples ferramenta. As colônias de judeus podem ser bem mantidas, limpas, produtivas (até agora não são muitas), mas são «colônias». Não se tornarão aldeias.

Conheço a mais reles de todas as objeções, de que a sovela, a plaina e o martelo dos artesãos judeus certamente não são mais complexos do que o arado. Mas, em compensação, seu trabalho é imediatamente criativo. A natureza trata do processo criativo que faz o pão. Mas é o ser humano completamente sozinho que trata da criação de uma bota.

Conheço também outra objeção de que tantos judeus são operários de fábrica. Mas, em primeiro lugar, são trabalhadores especializados com formação;

em segundo lugar, mantêm seus esfomeados cérebros indenes para o trabalho manual mecânico, por meio de atividades intelectuais acessórias, pelo amadorismo artístico, pela atividade política reforçada, pela dedicação à leitura e pela colaboração com jornais; em terceiro lugar, pode-se observar justamente na Rússia um êxodo de operários judeus das fábricas, não expressivo em número, porém contínuo. Eles se tornam artesãos, ou seja, autônomos quando não empresários.

Um pequeno «agente matrimonial» judeu pode se tornar camponês? Sua ocupação não é somente improdutiva, é de certo modo também imoral. Ele viveu mal, ganhou pouco, mais «vadiou» do que trabalhou. Mas que trabalho complicado, difícil, ainda que reprovável, seu cérebro não teve de desempenhar para agenciar um «bom partido», para levar um patrício rico e avarento a dar uma esmola considerável? O que esse cérebro poderia fazer no repouso mortal?

A produtividade dos judeus nunca é visível *grosso modo*. Se foram necessárias vinte gerações de indivíduos improdutivos e meditabundos, apenas para que se produzisse um único Spinoza; se são necessárias dez gerações de rabinos e comerciantes para que se gere um Mendelssohn; se trinta gerações de músicos pedintes, que tocam em casamentos, tocam violino apenas para que surja um famoso virtuose, então, aceito essa «improdutividade». Talvez não surgissem Marx e Lassalle, se seus antepassados tivessem sido transformados em camponeses.

Se, portanto, na Rússia soviética as sinagogas são transformadas em clubes de trabalhadores e as escolas talmúdicas são proibidas, por serem supostamente religiosas, seria preciso primeiramente ter muito claro o que é, para o judeu do Leste, ciência, religião e nacionalidade. Mas, para eles, ciência é religião e religião é nacionalidade. Seu clero é formado por seus eruditos, sua oração é expressão nacional. Mas na Rússia, a partir de agora, quem gozará de direitos e liberdade como «minoria nacional», receberá terra e trabalho, é uma nação judaica totalmente diferente. É um povo com mentalidade antiga e mãos novas; com sangue antigo e língua escrita relativamente nova; com bens antigos e nova forma de vida; com talentos antigos e nova cultura nacional. O sionismo queria tradição e compromisso com os novos tempos. Os judeus nacionais da Rússia não olham para trás, não querem ser os herdeiros dos antigos hebreus, mas apenas seus descendentes.

É claro que sua liberdade súbita desperta aqui e acolá um forte antissemitismo, ainda que silencioso. Quando um russo desempregado vê que um judeu consegue emprego em uma fábrica para ser «industrializado», quando um camponês, que foi desapropriado, ouve falar de colonização judaica, o velho instinto, feio e cultivado artificialmente, manifesta-se em ambos. Mas, enquanto no Ocidente o antissemitismo se tornou uma «ciência» e a sede de sangue é um «credo» político, na nova Rússia o antissemitismo permanece uma vergonha. A vergonha pública o matará.

Se a questão judaica for solucionada na Rússia, já terá sido solucionada pela metade em todos os países. (Mal existem ainda emigrantes judeus da Rússia, porém imigrantes judeus.) A fé das massas diminui em um ritmo acelerado, caem as barreiras mais fortes da religião, as barreiras nacionais mais fracas as substituem mal. Se esse desenvolvimento demorar, o tempo do sionismo passará, como também o do antissemitismo, e talvez o do judaísmo. Alguns aprovarão e outros lamentarão. Mas todos hão de observar com respeito como um povo se libertará de ser humilhado e o outro de humilhar; como aquele que apanha será liberto da tortura e aquele que bate, da maldição, que é pior ainda que uma tortura. Essa é a grande obra da Revolução Russa.

BIBLIOTECA antagonista

1. ISAIAH BERLIN | Uma mensagem para o século XXI
2. JOSEPH BRODSKY | Sobre o exílio
3. E. M. CIORAN | Sobre a França
4. JONATHAN SWIFT | Instruções para os criados
5. PAUL VALÉRY | Maus pensamentos & outros
6. DANIELE GIGLIOLI | Crítica da vítima
7. GERTRUDE STEIN | Picasso
8. MICHAEL OAKESHOTT | Conservadorismo
9. SIMONE WEIL | Pela supressão dos partidos políticos
10. ROBERT MUSIL | Sobre a estupidez
11. ALFONSO BERARDINELLI | Direita e esquerda na literatura
12. JOSEPH ROTH | Judeus errantes

ISBN 978-85-92649-12-8

FONTES: **Calibri, Adobe Hebrew**
PAPEL: **Arcoprint 90 gr. 1:5**

IMPRESSÃO: **Grafiche Veneziane**
PRODUÇÃO: **Zuanne Fabris editor**

1ª edição outubro 2016
© 2016 EDITORA ÂYINÉ